D0050157

CUENTOS

Tales from the Hispanic Southwest

CUENTOS

Tales from the Hispanic Southwest

Selected by and Adapted in Spanish by
José Griego y Maestas

Retold in English by
Rudolfo A. Anaya

Based on Stories Originally Collected by Juan B. Rael

Illustrations by Jaime Valdez

THE MUSEUM OF NEW MEXICO PRESS
SANTA FE

Copyright © 1980 by the Museum of New Mexico Press

20 19 18 17 16 15

All rights reserved: No part of this book may be reproduced in any form or by any electronic or mechanical means including information storage and retrieval systems without written permission from the publisher, with the exception of reviewers who may quote brief passages in reviews.

Printed in the United States of America

Library of Congress Cataloging in Publication Data:

Griego y Maestas, José, 1949-
    Cuentos: tales from the Hispanic Southwest.

Anaya, Rudolfo, 1937-
    Cuentos: tales from the Hispanic Southwest.

    An English and Spanish rewriting of selections from
J.B. Rael's Cuentos españoles de Colorado y Nuevo Mexico.
    1. Mexican American tales—Colorado. 2. Méxican
American tales—New Mexico. I. Anaya, Rudolfo A.
II. Rael, Juan Bautista. Cuentos españoles de Colorado
y Nuevo Mexico. III. Title.
GR111.M49G74   398.2'09788   80-18790
ISBN 0-89013-110-4 (clothbound), 0-89013-111-2 (paperback)

Published by the Museum of New Mexico Press
Post Office Box 2087, Santa Fe, New Mexico 87503

The publication of this book was made possible in part through a grant from the Museum of New Mexico Foundation.

Este libro está dedicado a todos los jóvenes de Nuevo México, Colorado y Arizona y del mundo, y a José Elías, al comienzo de su andar por la vida.

Que este librito les sea
Un abundante manantial
Pa' cuando sus almas sientan
De una sed espiritual.

This book is dedicated to the children of the Southwest and the world, and to José Elías, at the beginning of his life's journey.

May this work serve them
As an abundant spring
When their souls feel
A spiritual thirst.

Table of Contents

Foreword

I AM QUITE PLEASED with the steps the Museum of New Mexico has recently taken to preserve the Hispanic heritage of the people of New Mexico, first with the publication in 1977 of the unabridged collection of *Cuentos Españoles de Colorado y Nuevo México* and now with the publication of *Cuentos: Tales from the Hispanic Southwest*. Thanks to the scholarly cooperation of José Griego, Rudolfo Anaya, and Jaime Valdez, the Museum is now making available representative stories both in Spanish and English to school children and to the general reader.

Were it not for the Museum's efforts, a large portion of our Hispanic culture could be irretrievably lost. Most of the storytellers were in their sixties fifty years ago when the original collection was compiled. It is very doubtful that any of them are still living today.

Juan B. Rael
Stanford University
1979

ACKNOWLEDGEMENTS

IN MANY WAYS this is a book of the Spanish speaking community of New Mexico and Colorado, and to them we acknowledge our gratitude. The following people helped bring it together, and to them we offer our *muchísimas gracias*, our deep-felt thanks: Patricia Anaya, for her assistance with the English translations. Martha Baca, for her conscientious labor and valuable contributions to the Spanish versions. Father Benedicto Cuesta, for his editorial help with the Spanish. Betty Griego, for her living testimonial of the faith of these stories. Consuelo Pacheco, for her interest and her wise advice. Juan Rael, for conserving our popular tradition of storytelling. Dr. Sabine Ulibarrí, for his refinements to the final draft. Jaime Valdez, for the vision in his art which helps us to see the incredible and the beautiful. Jim Mafchir and Richard Polese, for conceiving of this project and for their persistence in helping us bring it into its final form.

Rudolfo A. Anaya
José Griego y Maestas

CUENTOS
Tales from the Hispanic Southwest

Introduction to the Spanish Versions

I believe that it is possible to start a holy crusade to go rescue the tomb of the "Crazy Gentleman" (Don Quixote) from the throes of the Knights of Reason.

Miguel de Unamuno
The Tomb of Don Quijote

HEREWITH ARE TYPICAL STORIES, legends and myths of the Hispanic culture of New Mexico and southern Colorado, the northern frontier of Latin America — a strong landscape which dominates and also gives life to the spirits of ancient people. In this strong environment the traditions of the classical era of the Native American and the Middle Ages of Europe have been conserved.

Spiritually, I sense that many of these stories are a reflection of the era of the *Caballero de la Locura* (Don Quixote) and his crossing of paths with our Native American brothers on the deserts, mountains and valleys of *Aztlán,* oriental center and western crossing, and mythic origin-land of the Aztecs, known today as the American Southwest. Geographic and cultural isolation in this area has helped to preserve this magic, and it is even said that the *Caballero de la Triste Figura* (Don Quixote) has been seen throughout New Mexico, combating very real modern monsters destructive of integrity and justice.

This immensely rich folklore has come to us, in part, thanks to the research and studies of Don Juan Rael and Don Aurelio M. Espinosa. This book originates from the anthological work and reflections of these two great persons who opened the trails to a

3

consciousness and study of the popular Hispanic literary wealth of New Mexico. Espinosa rediscovered, through his prolific literary activity, the links between our popular literary tradition and the universal literary tradition of all Hispanic countries. Rael gave us the remarkable resource of the written word in his monumental collection of literal transcriptions, *Cuentos Españoles de Colorado y Nuevo México,* from which I made my selections for adaptation.

The original collection of these cuentos were gathered from the storytellers of New Mexico themselves by Juan Rael. The preparation done for the versions presented here keeps the New Mexican dialect intact, yet it also assures that the language is grammatically correct. The glossary will help the reader recognize the archaisms and americanisms of this dialect.

The narrations which follow are a great part of the soul of our culture, and they reflect the values of our forefathers. It is hoped that they will serve to awaken in our conscience the faith that spurred them on. The stories also reflect a history of thirteen centuries of cultural infusing and blending in the Hispano *mestizaje,* from the Moors and Jews in Spain, to the orientals in the Philippines, Africans in the Caribbean, and the Indians in America — be they Aztec, Apache or Pueblo. One example is the story, "The Man Who Knew the Language of the Animals," which is based in one of the Moorish tales from *A Thousand and One Nights.* The Native American influences create ambients of folk healers and other levels of reality that are not often dealt with by Western man. The popular legends about Death, kings and queens, and country rogues come to us directly from the Middle Ages — and the Spanish Golden Age that spread its influence as far away as New Mexico.

This book will be useful for people of all ages and backgrounds. For children it will awaken a view of the magical world of the past, and for students it will stimulate them to research deeply the origins of this tradition. It is my personal hope that the artist and the poet will be inspired to develop this popular tradition into fine art and literature.

One characteristic of the Hispanic literature has been its roots in the popular culture of the people. Great classic writers like Lope

de Vega and Cervantes were remarkably successful in our literary tradition by making literature from the popular folktales. Let us not allow the Knights of Reason to conceal the visions and truths of our past!

INTRODUCCION A LAS VERSIONES ESPANOLAS

> Creo que se puede intentar la santa cruzada de ir a rescatar el sepulcro del Caballero de la Locura del poder de los hidalgos de la Razón.
>
> Miguel de Unamuno
> *El sepulcro de Don Quijote*

HE AQUI CUENTOS, leyendas y mitos de la tradición hispana de Nuevo México y el sur de Colorado, la frontera norteña de la América Latina; tierra y paisaje fuerte que domina y también da vida a los espíritus de hombres antiguos. Este es un ambiente áspero donde se han conservado las tradiciones de la etapa clásica indígena y de la edad media europea.

Los cuentos son un relato de los encuentros del Caballero de la Locura con nuestros hermanos indígenas en los desiertos, sierras y valles de Aztlán, ombligo oriental y crucero occidental. Un aislamiento geográfico-histórico ha preservado esta magia, y hasta dicen por allí que el Caballero de la Triste Figura se ha visto por Nuevo México combatiendo mónstruos y gigantes modernos, no imaginados, y destructores de la integridad y la justicia.

Esta inmensa riqueza popular ha llegado a nosotros, en gran medida, gracias al trabajo recolectivo y a los estudios de don Juan Rael y don Aurelio Macedonio Espinosa. La presente obra surge del trabajo antológico y de las reflexiones de estos dos grandes que abrieron el camino hacia una concientización y estudio del caudal literario popular hispano de Nuevo México. Don Aurelio M. Espinosa redescubre, a través de su trabajo prolífico, los vínculos entre nuestra tradición literaria popular y la tradición literaria universal de todo país hispano, sea indiano o peninsular. Don Juan Rael

nos da la fuente inigualable de la palabra popular en su monumental colección de transcripciones literales titulada Cuentos Españoles de Colorado y Nuevo México. *De esta obra provienen mis selecciones.*

La edición original de los cuentos fue colectada por Don Juan Rael. La preparación hecha para este libro respetó en todo lo posible el dialecto nuevomexicano, asegurando sólo la corrección gramatical. El glosario ayudará al lector a reconocer los arcaismos e indigenismos de este dialecto.

Las narraciones que siguen son el alma de nuestra cultura y reflejan los valores de nuestros antepasados. Ojalá que sirvan para despertar en nuestra conciencia la fe que les animaba a ellos. Los cuentos reflejan una historia de trece siglos de mestizaje entre hispanos y otras culturas; desde los moros y judíos en España, hasta los orientales en las Filipinas, los africanos en el Caribe, y los indios en América, sean aztecas, apaches, o pueblos. Esto es evidente en "El hombre que hablaba con los animales," uno de los cuentos moriscos de Las mil y una noche. *Las historias indígenas crean aires de curanderos y otros niveles de la realidad raramente tratados por el hombre occidental. Las leyendas populares de la muerte, de reyes y reinas y de pícaros salen directamente de la Edad Media y el Siglo de Oro español que desparramó su influencia hasta Aztlán.*

Será útil este estudio para gentes de toda edad y trasfondo. A los niños les despertará una visión de ese mundo mágico de antaño. A los grandes les traerá gratos recuerdos, e incitará a los estudiantes a indagar más profundamente los orígenes de esta tradición. Se espera que los artistas y poetas sean inspirados a desarrollar esta tradición popular en bellas artes y literatura.

Una característica de la literatura hispana ha sido su popularismo; los grandes escritores clásicos como Lope de Vega y Cervantes experimentaron mucho éxito en nuestra tradición literaria por arraigarse en los cuentos populares. ¡No dejemos que los "hidalgos de la Razón" nos oculten las visiones y verdades de nuestro pasado!

José Griego y Maestas
Embudo, New Mexico

Introduction to the English Versions

THE STORYTELLER'S PRIMARY IMPULSE is to create a meaningful world with language. He may also wish to delight and instruct, as these *cuentos* certainly do, but underlying the motivation of the storyteller lies the recognition that words have the power to weave the multi-colored threads of existence to create a fresh reality. The old, skillful storytellers knew this, and so they manipulated the elements of their cuentos to recreate time and reality for their small but appreciative audiences.

"Once upon a time," signals the cessation of present time and introduces the imaginary time of the story. With the utterance of these magic words the room falls silent, the pulse of breath becomes still as those present turn to listen. Outside, the storms of winter might howl and threaten, or the the summer moon glisten on fields of corn, but in the room with the storyteller a new world is being created.

The culture and thought of that world inherent in the oral tradition of the people of the Southwest are still alive in the cuentos offered in this volume.

Cuentos were first brought to the Southwest by the Spanish and Mexican settlers and were interwoven with the forces in the land and the cultures of the Native Americans of this area to give shape to a new existence. In an era when the printed word was rare in these vast and wild lands, such stories came with the people and helped sustain their creative imagination during long centuries of near isolation. The people of this land knew the cuentos intimately.

They had heard the stories many times, but they never tired of hearing a new storyteller relate his version.

In an oral setting, words more easily create their own time and space. In large measure, the words carried the *essence* of their history. That is why the small audiences listened so intently to the cuentos; they felt the life-pulse of elements of their heritage in the stories. The power of the words came to stir the heart and the imagination and to sustain the mythos of the people.

The art of storytelling was, of course, passed on and shared, because each person knew that someplace, somewhere, he might be called upon to tell a story. Perhaps it would be on a trip to the mountains to gather wood, or on a summer night when neighbors came to visit. The process was a sharing of the artistic and spiritual vision of the people.

Long after a good story was told the spell lingered, and those who heard it took it with them to pass on the magic and the truth of the cuento. If in the beginning it was the word which came to fill the void, now it is the story which creates meaningful patterns in the darkness of chaos. So each storyteller everywhere, as he fills his lungs to tell his story also fills his heart with the ceremony of life.

My English variations of these old, old cuentos are my versions. I have taken the same liberties with the stories which any storyteller would take. I started with José Griego's adaptations from the literal transcriptions originally compiled by Juan B. Rael, and I worked from Spanish into English to suit my own rhythm.

I kept in mind the goal that my versions in English retain the heart and clarity of the original version; I wanted the cuentos to be as alive on the printed page as they are when people gather to tell them.

Because the cuentos are alive! We hear them in the wind which sweeps across our mountains and deserts. We sense them in the work of the people — in the sweat of summer when the gurgle of muddy water brings life to the fields and at harvest gatherings when groups sit around the fire nibbling the fresh roasted nuts of the piñón. The stories are in the people as they work and dance. They are in the vision of beauty and art which has been kept alive in the craft of the santeros, *the colors of the painters, in the songs the*

native poets sing, and in the colchas *and rugs the women weave!*

Now we have come to speak in two languages, and we invite you, the reader, to gather 'round. Printing allows us a wider audience and changes the intimacy of the process, but perhaps a new time and new versions require this new form.

So let's indulge in the wit and wisdom with which the people have imbued these cuentos. Listen while you hear the foibles of mankind laid bare. Laugh or lament, as the spirit moves you, at the joys and tragedies of our ancestors, mythical and real. Marvel at a time when God and St. Peter, and yes, even Death walked the earth and communicated with mortal man. Find a quiet, cozy place and allow the cuentos to weave their spell, or better yet, read them aloud to those you love and share their gifts.

INTRODUCCION A LAS VERSIONES INGLESAS

EL IMPULSO PRIMORDIAL DEL CUENTISTA es crear un mundo lleno de significado mediante su palabra. Puede a la vez desear deleitar e instruir, como es el caso de estos cuentos, pero en el fondo el cuentista reconoce que sus palabras tienen el poder de entretejer los hilos multicolores de la existencia para crear una realidad nueva. Esta verdad se conocía por los diestros cuentistas antiguos, quienes manipulaban los elementos de sus cuentos con el fin de recrear el tiempo y la realidad para sus pequeñas pero entusiastas audiencias.

Al comenzar su historia, el cuentista suspende el presente e introduce el tiempo imaginario del cuento. Al pronunciarse estas palabras mágicas, el cuarto se sume en silencio y las respiraciones se aquietan a la vez que los oyentes se disponen a escuchar. Afuera puede que bramen las tormentas de invierno, o que la luna de verano reluzca en las milpas, pero en el cuarto el cuentista está dando luz a un mundo nuevo.

La cultura y la consciencia de ese mundo son intrínsecas en la tradición oral de los habitantes del suroeste estadounidense. Esa tradición continúa viva en los cuentos ofrecidos en este volumen.

Los cuentos fueron traídos al suroeste estadounidense por los colonizadores españoles y mejicanos, y luego entretejidos con las

fuerzas de la tierra y las culturas de los indígenas de esta área para dar forma a una realidad nueva. En una época en que la palabra impresa era rara en estas tierras vastas y salvajes, los cuentos les servían a la gente para mantener despierta su imaginación durante largos siglos de aislamiento geográfico casi completo. La gente de estas tierras conocía los cuentos íntimamente. Habían oído las historias muchas veces, pero nunca se cansaban de escuchar a un cuentista nuevo contar su versión.

En el contexto de una tradición oral, las palabras crean su propio tiempo y espacio con más facilidad. Por esa razón las pequeñas audiencias escuchaban los cuentos con tanta atención; en ellos sentían latir elementos de sus herencias culturales. La fuerza de las palabras avivaba los corazones y la imaginación, sustentando sus creencias y consciencias.

El arte de narrar era, desde luego, algo que se compartía y se trasmitía, porque todos sabían que en cualquier momento y lugar les podría tocar contar una historia. Podía suceder en un viaje a las sierras por leña o en una noche de verano cuando los vecinos llegaban de visita. El proceso consistía en compartir la visión artística y cultural del pueblo.

El encanto de un buen cuento persistía mucho después de contado; los oyentes lo llevaban consigo para trasmitir la magia y la verdad del cuento. Si en el principio el verbo llenó el vacío, ahora es el cuento el que crea un orden moral en la oscuridad del caos. Por eso todo cuentista, dondequiera que esté, cada vez que llena sus pulmones para contar su historia llena también su corazón con la ceremonia de la vida.

Mis variaciones inglesas de estos cuentos viejísimos son mis propias versiones. He tomado las mismas libertades con las historias que las que tomaría cualquier otro cuentista. Mi punto de partida fue las adaptaciones hechas por José Griego de las transcripciones literales compiladas originalmente por Juan B. Rael. Trabajé del español al inglés para satisfacer mi propio ritmo.

Me propuse que mis versiones inglesas conservaran el espíritu y la claridad de los originales, y que los cuentos estuvieran tan vivos en la página impresa como lo están cuando la gente se reúne a escucharlos.

¡Los cuentos viven! Los escuchamos en el viento que barre nuestras montañas y desiertos. Los percibimos en el trabajo del pueblo: sea en el sudor del verano cuando las aguas de las acequias reviven las siembras o en tiempos de cosecha cuando la gente se reúne en torno al fuego para comer piñón recién tostado. Los cuentos están en el trabajo y los bailes populares. Están en la visión del arte y la belleza que se mantiene viva en la artesanía de los santeros, en los colores de los pintores, en las canciones de los poetas nativos y en las colchas y jergas que tejen las mujeres.

Ahora llegamos a hablar en dos lenguas e invitamos a usted, el lector, a que se acerque. La imprenta nos proporciona una audiencia más amplia y modifica la intimidad del proceso, pero quizás el tiempo nuevo y las versiones nuevas requieran de esta nueva forma.

Vamos a complacernos con el ingenio y la sabiduría de que el pueblo ha dotado a estos cuentos. Preste atención al escuchar las flaquezas humanas puestas al descubierto. Ríase o laméntese, según cuadre a su espíritu, ante los placeres y las tragedias, míticas y reales, de nuestros antepasados. Maravíllese ante una era en la que Dios, San Pedro, y hasta la misma Muerte caminaban por esta tierra y se comunicaban con los mortales. Encuentre un rincón quieto y cómodo, y deje que los cuentos tejan su hechizo; o todavía mejor, léalos en voz alta y comparta los dones con sus seres queridos.

Rudolfo A. Anaya
Albuquerque, New Mexico

CUENTOS
Tales from the Hispanic Southwest

ESTE ERA UN HOMBRE POBRE. Su mantención era traer leña del ejido de la merced para vender en la ciudad. El día que podía vender leña, comían él y su familia. El día que no podía, aguantaban sin comer. Asina estuvo viviendo por mucho tiempo, por donde hubo un día que le dio mucha hambre y decidió robarle una gallina a su mujer. Se fue al gallinero y sacó una gallina y la mató. Entonces salió para el monte, hizo lumbre y puso la gallina a asar. El leñero estaba preparando el pollo, echándole picantes y sabroseando el caldo cuando de repente

La comadre
Sebastiana

Doña Sebastiana

ONCE THERE WAS A POOR MAN who earned his living cutting wood in the common land of the land grant and selling it in the village. When he sold his wood his family ate well, when he couldn't sell it his family went hungry. He lived that way for a long time, but one day he was tempted by hunger and he decided to swipe one of his wife's setting hens.

He waited until everyone was asleep and then stole into the chicken coop, took a chicken and killed it. Then he stealthily made his way into the mountains where he planned to indulge himself. He made a

sintió a alguien arrimándose a donde estaba él, y pensó, "¡Válgame Dios! ¿Qué nunca podré comer solo? Pero no lo voy a llamar a comer."

"¿Cómo le va, amigo?" le dijo el hombre cuando llegó.

"¿Qué húbole amigo? ¿Quién es usted?"

"Pues yo soy el Señor Dios. ¿Qué no me da de comer?"

"No, no le doy de comer a usted, porque usted hace menosprecio. A los ricos les da mucho y a los pobres no les da nada. No nos trata a todos iguales."

Se fue el Señor muy triste. A poco rato vido venir a otra persona y era María Santísima.

"¿Cómo le va, amigo?," le dijo ella cuando llegó.

"¿Qué húbole amiga? ¿Quién es usted?"

"Pues yo soy María Santísima. ¿Qué no me da de comer?"

"No, no le doy de comer a usted, porque su hijo hace menosprecio. Siendo usted la madre de Jesucristo, ¿por qué no intercede con su hijo, para que nos haga a todos iguales, o a todos ricos, o a todos pobres? No que a unos los hace muy ricos y a otros los hace muy pobres, y yo soy uno de los pobres. No la convido con mi pollo."

Cuando se fue María Santísima, a poco rato vido venir a otra persona; era la muerte.

"¿Cómo le va, amigo?," le dijo ella cuando llegó.

"¿Qué húbole amiga? ¿Quién es usted?"

"Yo soy la muerte, ¿Qué no me da de comer?"

"Pues si usted es la muerte, está muy flaca. A usted sí la convido porque usted hace sus cosas muy bien hechas. Usted no separa al millonario por rico, ni al pobre por pobre, ni al lindo por lindo, ni al fiero por fiero, ni al viejo por viejo, ni al muchacho por muchacho. A todos se los lleva iguales."

Bueno, cuando ya acabaron de comerse la gallina, le dijo la muerte que pidiera merced, y él dijo:

"Señora, ¿qué merced quiere que pida? Si usted quiere darme merced, deme lo que a usted le nazca."

"Pues voy a darte la merced de que seas curandero. Pero te voy

big fire and put the chicken on a spit to roast. He was flavoring the chicken with a few spices and enjoying the drippings when he heard someone approach his camp.

God help me! he thought. Even here I can't be left alone to enjoy myself! Well, whoever it is, I'm not going to invite them to eat!

"How do you do, my friend," said the stranger as he approached the camp. The stranger's noble stature made the woodcutter cautious.

"Buenas noches," the woodcutter responded. "Who are you?"

"I am the Lord," the stranger answered. "Will you invite me to eat with you?"

The woodcutter looked at the small chicken and thought awhile. "No," he finally said, "I don't think I'll invite you to share my meal, and I'll tell you why. I think you neglect the poor. You give everything to the rich and so little to the poor. You don't treat us equally."

And so the woodcutter kept the chicken for himself, and the Lord went away saddened. The woodcutter was satisfied, but shortly he heard another person approaching.

"Good evening, my friend," said the woman as she drew near.

"Buenas noches, señora," the woodcutter replied. "And who might you be?"

"I am the Virgin Mary," the woman answered. "Will you share your food with me?"

The woodcutter scratched his beard, looked again at the small chicken and finally said, "No, I am not going to share my food with you, and I'll tell you why. I think your Son neglects the poor. Since you are the mother of God, you should intercede for us so He would make us all equal. Either we should all be rich, or we should all be poor. The way it is now, He makes some very rich and some very poor, and unfortunately I am one of the poor ones. For that reason I am not going to share my chicken with you."

So the Virgin Mary left, but it wasn't long before the woodcutter heard someone else approach. This time it was Doña Sebastiana, Death herself, who approached the woodcutter's fire.

"How goes it, friend?" Doña Sebastiana asked.

a advertir una cosa, que cuando tú vayas a curar a un enfermo y me veas en la cabecera, no lo cures aunque te paguen lo que te pagaren, te prometan lo que te prometieren. No lo cures. Ya ese no tiene más remedio que morir. Ya ese está llamado de Dios. "Y si me ves en los pies, cúralo con agua, tierra o polvo. Se levantará güeno y sano. Pero si me ves en la cabecera, no te atrevas a curarlo aunque te prometan lo que te prometieren."

El estuvo curando a muchos enfermos y le había ido muy bien, curaba con los santos remedios y la gente le pagaba bien con comidas y otros bienes. El último que curó fue a un rey, el más rico que había en todo el mundo. Ahí quebrantó el mandado que le había advertido la muerte. Cuando entró él a la casa donde estaba el rico, encontró a la muerte en la cabecera de la cama del enfermo. El la agarró y la estuvo atarantando en una cuna hasta que la puso en los pies de la cama y ahí se quedó aburrida. Entonces curó al rey.

Cuando volvía en el camino, le salió la muerte al curandero y ya le dijo que había desobedecido el mandado que le había advertido antes.

"¿No te dije que no curaras cuando estaba en la cabecera?"

Y lo metió para un cuarto y le enseñó dos velas, una de las velas ya se iba acabando, y la otra estaba muy larga.

"¿Ves esta vela? La grande eras tú y la chiquita el enfermo. Ahora tú eres la chiquita y el enfermo es la grande."

En ese momento, la llama de la vela chiquita se apagó, y otra alma fue a unirse con las otras en la carreta de la Comadre Sebastiana, caminando despacito para la eternidad.

"Buenas noches," the woodcutter answered, trembling at the sight of the old hag in front of him. "Who are you?" he asked.

"I am Death," Doña Sebastiana answered as she slowly got down from her cart. "Will you share your meal with me?"

"I never realized Death was so thin!" the woodcutter said as he looked at the skeleton in front of him. "Of course you are welcome to share my food, and I'll tell you why. You do things very well. You don't play favorites with the wealthy because of their money, not the beautiful because of their beauty, nor do you play favorites with the ugly or the old or the young. No, you treat us all equally. Sit down and share my meal."

After they had finished eating the roasted chicken Doña Sebastiana was very pleased, so she told the woodcutter to ask for any favor he wished and it would be granted.

"Señora," the woodcutter said in his most humble voice, "I can't ask for a favor. If you wish to grant me one, then grant me what you will."

"Very well," Death answered, "I am going to grant you the power to be a healer, a *curandero.* You shall be able to cure all kinds of sickness. However, I leave you with one commandment: When you are asked to cure a sick person and you go to that patient's bed and see me standing at the head of the bed, don't cure that person regardless of what his relatives will pay or promise you. I warn you, if I am there, don't cure that person! That person has no remedy but to die. He has been called by God.

"But if you see me at the patient's feet, then go ahead and cure him. Use water or earth or curing powders, and the patient will get well. But remember, if you see me at the head of the bed, don't dare to attempt a cure, no matter what you are promised!"

So the curandero practiced his craft for many years and he cured many people and became famous for his powers. But one day the richest man in the region became ill and offered the curandero a fortune for a cure, and so the healer broke the commandment of Doña Sebastiana.

When the curandero arrived at the rich man's home he saw Doña Sebastiana seated at the head of the bed where the sick man lay. The curandero immediately grabbed her and wrestled her back

and forth until she was so dizzy that he was able to move her to the foot of the bed. In that way Death was overpowered, and the curandero then cured the rich man.

But when the curandero was returning home Death met him on the road and reminded him that he had broken the one commandment he had promised not to break when she had given him the power to cure sickness.

"I warned you *never* to cure a sick person if I was at the head of his bed," Doña Sebastiana said angrily. "Now you must come with me."

She took the curandero to a dark room and showed him two candles. One candle had burned low and was flickering as if ready to go out, the other was a tall candle burning brightly.

"You have made a grave mistake," Death told the curandero. "Once you were like the tall candle and the sick man was like the short candle. But now you are the small candle and the man you cured is the tall one."

At that moment the flame of the short candle went out, and the curandero's soul was added to Doña Sebastiana's cart as it slowly made its way into eternity.

CUATRO ELEMENTOS TIENE EL MUNDO, son el agua, la lumbre, el viento y la vergüenza. Cuando ya transitaron muchos años, se juntaron para ganar cada uno su rumbo y el agua dijo primero:

"Pues ya nos vamos a apartar del todo, y a mí me van a necesitar algún día. Me hallarán en el centro de la tierra y en los mares."

Entonces la lumbre dijo:

"Ya nos vamos a apartar para siempre. Si a mí me necesitan, me encontrarán en el acero o en el sol."

Luego habló el viento:

"Si a mí me necesitan, me encontrarán en los cielos entre las nubes."

La vergüenza fue la última que habló y así les dijo:

"Pues ahora sí, si me pierden a mí, no me vayan a buscar porque no me encontrarán."

Los cuatro elementos

The Four Elements

IN THE BEGINNING THERE WERE FOUR ELEMENTS on this earth, as well as in man. These basic elements were Water, Fire, Wind and Honor. When the work of the creation was completed, the elements decided to separate, with each one seeking its own way.

Water spoke first and said:

"Our work in the creation of earth and man is done. Now it is proper to go our own ways, but if you should ever need me, look for me under the earth and in the oceans."

Fire then said:

"We will separate forever, but if you should need me you will find me in steel and in the power of the sun."

Wind whispered:

"If you should need me, I will be in the heavens among the clouds."

Honor was the last to speak, and it said:

"I am the bond of life. If once you lose me don't look for me again—you will not find me!"

SUCEDIO QUE CUANDO DIOS DETERMINO FORMAR al hombre para dejarlo dueño de la tierra, al mismo tiempo intentó darle dos compañeros. Formó primeramente al hombre y luego al burro y al perro, los paró ante El y le habló al hombre y le dijo:

"Tú te llamas hombre, y todo estará bajo tu brazo, la tierra misma vivirá bajo tus órdenes y vivirás sesenta años. En estos sesenta años pasarás días buenos y días malos, pero serán más los días buenos."

24

El hombre, el burro y el perro

Man, the Burro, and the Dog

WHEN GOD CREATED THE UNIVERSE, He also created man to rule over the earth. At the same time, He decided to give man two friends. So He first made man, and then He created the burro and the dog. Then, as the three stood before him, God spoke these words to the man:

"Your name is *man*, and you shall rule over everything. You will have dominion over the earth, and you will live sixty years. During this time you will see good days and bad days, but there will be more good days than bad."

Al pobre hombre se le hizo poco vivir solamente sesenta años viéndose el dueño de la tierra, pero se conformó.

Luego le habló Dios al burro y le dijo:

"Tú te llamas burro, y vivirás bajo la orden del hombre. Vivirás treinta años, pero en ese tiempo pasarás días malos y días buenos, pero serán más los malos que los buenos."

"¡Oh!" le dijo el burro, "si mi vida ha de ser penosa, no quiero tantos años. Rebájeme diez de estos treinta años."

El hombre que estaba vigilando lo que pasaba, le dijo:

"Pues esos diez años, échemelos a mí."

Y Dios se los añadió a los sesenta del hombre. Luego le habló al perro y le dijo:

"Tú te llamarás perro y serás amigo fiel del hombre, y vivirás bajo la orden de él. Vivirás veinte años, pero en estos veinte años pasarás días buenos y días malos, pero serán más los malos que los buenos."

"¡Oh!" se quejó el perro, "si mi vida ha de ser con tormento, no quiero tantos años. Quíteme diez."

"Pues esos diez años, échemelos a mí también," dijo el hombre que estaba al lado.

Pues le recargó al hombre veinte años más, de manera que el hombre vive sesenta años de vida de hombre. De sesenta a setenta es vida de burro; y de los setenta para arriba va ya en la vida de perro.

The poor man thought sixty years was a very short time to live as ruler of the earth, but he agreed.

Then God turned to the burro and said:

"Your name is *burro,* and you will be subject to the law of man. You will live thirty years, and in that time there will be good days and bad days, but the bad days will outnumber the good days."

"Oh," said the burro, "if my life is to be so hard, I don't want that many years. Take away ten of those thirty years."

The man, who was carefully watching the proceedings, spoke up:

"Those ten years, Lord, give them to me!"

So God added those ten years to man's sixty. Then He spoke to the dog and said:

"Your name will be *dog* and you will be man's best friend, and you shall live according to his law. You will live twenty years, and during your lifetime you will see good days and bad days, but there will be more bad days than good."

"Oh," the dog wailed, "if my life is to be one of torment, I don't want so many years. Please take away ten."

"Lord, give those ten years to me!" begged the man.

So God added twenty years to the man's life so that man would live to be eighty. And that is why man lives the life of a donkey from sixty to seventy, and also why he lives the life of a lowly dog from his seventieth year on!

HABIA EN CALIFORNIA MUCHOS RANCHEROS. Estaban yéndose muchos hombres de Nuevo México a trabajar en esos ranchos. Un día uno de los hacendados les dijo a los nuevomejicanos:

"¿Qué no hay poetas para su país?"

"Hay muchos," le contestaron. "Está el viejo Vilmas, está Chicoria, está Cinfuegos, está la Cebolletanas y está el Negrito Poeta."

"Pues cuando se vayan y vuelvan traigan un poeta para echárselo a Gracia, porque aquí en este país no hay quien le dé competencia." Al fin de la temporada regresaron los nuevomejicanos a su país y cuando volvieron a California llevaron al poeta Chicoria. Cuando supo el dueño de la casa que habían traído a Chicoria de Nuevo México, despachó a un criado para invitar a un hacendado vecino para ver al poeta Chicoria. Vino el compadre y se pusieron las cocineras a hacer la cena para el hacendado y su compadre. Cuando empezaron a meter comidas a un cuarto, le dijo Chicoria a un criado de la casa:

"¡Oh, nos van a dar buena cena, amigo!"

"No, amigo, esa cena es para ellos. Nosotros no cenamos en la mesa del patrón. No nos permite. Nosotros cenamos aquí en la cocina."

"Pues te apuesto que yo sí ceno con ellos."

"Si pides, sí, pero si no le pides, no te llama."

"Si les pido, pierdo," dijo el nuevomexicano. "El, voluntaria-

Chicoria

THERE WERE ONCE MANY BIG RANCHES IN CALIFORNIA, and many New Mexicans went to work there. One day one of the big ranch owners asked his workers if there were any poets in New Mexico.

"Of course, we have many fine poets," they replied. "We have old Vilmas, Chicoria, Cinfuegos, to say nothing of the poets of Cebolleta and the Black Poet."

"Well, when you return next season, why don't you bring one of your poets to compete with Gracia—here none can compare with him!"

When the harvest was done the New Mexicans returned home. The following season when they returned to California they took with them the poet Chicoria, knowing well that in spinning a rhyme or in weaving wit there was no *Californio* who could beat him.

As soon as the rancher found out that the workers had brought Chicoria with them, he sent his servant to invite his good neighbor and friend to come and hear the new poet. Meanwhile, the cooks set about preparing a big meal. When the maids began to dish up the plates of food, Chicoria turned to one of the servers and said, "Ah, my friends, it looks like they are going to feed us well tonight!"

The servant was surprised. "No, my friend," he explained, "the food is for *them*. We don't eat at the master's table. It is not permitted. We eat in the kitchen."

"Well, I'll bet I can sit down and eat with them," Chicoria boasted.

29

mente, tiene que llamarme."

Apostaron veinte pesos, y le dijeron a la criada de la mesa que reportara si el nuevomexicano le pedía al hombre de cenar. La criada llevó a Chicoria para el cuarto donde estaban cenando. Entonces Chicoria les dio las buenas tardes y el hacendado ordenó que le pusieran una silleta al nuevomexicano. La criada le puso una silleta atrincada a la pared y él se sentó. Los ricos empezaron a cenar sin convidar a Chicoria, como le habían dicho los criados. Entonces el dueño de la casa le dice:

"Nuevomexicano, ¿Cómo es el país donde tú vives?"

"En Nuevo México todas las familias usan una cucharita para cada bocadito cuando toman su comida."

Aquellos se admiraron que para cada bocado había cucharita. Chicoria no les dijo que la cucharita era la tortilla.

"Pero además de esto," les dijo, "las chivas no son como estas de aquí."

"¿Por qué?"

"Porque estas de aquí paren de a dos chivitos y aquellas de allá paren de a tres."

"Cosa curiosa," le dijo el de la casa "¿Y cómo hacen esas cabras para darle de mamar a los tres chivitos?"

"Pues bien, así como ustedes ahora, mientras dos maman, uno mira."

El hombre entendió de una vez lo que aquel le refería y le dijo:

"Arrímate, nuevomexicano."

Se arrimó y cenó con ellos. Después de la cena se puso él a la cantada y cuando acabó, coletó su apuesta.

"If you beg or if you ask, perhaps, but if you don't ask they won't invite you," replied the servant.

"I never beg," the New Mexican answered. "The master will invite me of his own accord, and I'll bet you twenty dollars he will!"

So they made a twenty dollar bet and they instructed the serving maid to watch if this self-confident New Mexican had to ask the master for a place at the table. Then the maid took Chicoria into the dining room. Chicoria greeted the rancher cordially, but the rancher appeared haughty and did not invite Chicoria to sit with him and his guest at the table. Instead, he asked that a chair be brought and placed by the wall where Chicoria was to sit. The rich ranchers began to eat without inviting Chicoria.

So it is just as the servant predicted, Chicoria thought. The poor are not invited to share the rich man's food!

Then the master spoke: "Tell us about the country where you live. What are some of the customs of New Mexico?"

"Well, in New Mexico when a family sits down to eat each member uses one spoon for each biteful of food," Chicoria said with a twinkle in his eyes.

The ranchers were amazed that the New Mexicans ate in that manner, but what Chicoria hadn't told them was that each spoon was a piece of tortilla: one fold and it became a spoon with which to scoop up the meal.

"Furthermore," he continued, "our goats are not like yours."

"How are they different?" the rancher asked.

"Here your nannies give birth to two kids, in New Mexico they give birth to three!"

"What a strange thing!" the master said. "But tell us, how can the female nurse three kids?"

"Well, they do it exactly as you're doing it now: While two of them are eating the third one looks on."

The rancher then realized his lack of manners and took Chicoria's hint. He apologized and invited his New Mexican guest to dine at the table. After dinner, Chicoria sang and recited his poetry, putting Gracia to shame. And he won his bet as well.

E STOS ERAN DOS COMPAÑEROS que andaban en una
porfía, uno decía que el dinero levantaba al hombre y el
otro sostenía que no era el dinero, sino la suerte. Aundu-
vieron porfiando mucho tiempo con deseos de encontrar un
hombre honrado para poder probar sus puntos de vista.

Tocó la casualidad un día que pasando por una plaza se
encontraron con un molinero que estaba moliendo maíz y trigo.
Se dirigieron a donde estaba el hombre para preguntarle cómo
corría su negocio. El hombre les respondió muy atentamente que

La suerte

The Force of Luck

ONCE TWO WEALTHY FRIENDS got into a heated argument. One said that it was money which made a man prosperous, and the other maintained that it wasn't money, but luck, which made the man. They argued for some time and finally decided that if only they could find an honorable man then perhaps they could prove their respective points of view.

One day while they were passing through a small village they came upon a miller who was grinding corn and wheat. They paused to ask the man how he ran his business. The miller replied that he

él trabajaba por otro señor y que ganaba solamente cuatro reales al día, con lo que mantenía a su familia de cinco.

"Y usted, ¿se acabala con quince pesos al mes para mantener a su familia de cinco?"

"Pues me limito todo lo que puedo para mantener a mi familia, no porque tengo suficiente."

"Pues entonces le voy a hacer un presente. Aquí le voy a regalar doscientos pesos para ver lo que va a determinar hacer con ellos."

"No, señor" le dijo el hombre, "no creo que usted me pueda regalar ese dinero la primera vez que yo lo miro a usted."

"Señor" le dijo él, "yo le voy a dejar este dinero a usted porque yo y este hombre porfiamos. El porfía que la suerte es la que levanta al hombre y yo digo que el dinero es el que levanta."

Cuando el hombre pobre tomó el dinero, pasó todo el día reflexionando sobre aquel negocio. ¿Qué podría hacer con todo el dinero? Aquel hombre se lo dio para calarlo, y él podría determinar del dinero como si fuera suyo. Sea como fuere, él tenía el dinero en su bolsa e iba a determinar de ello como le pareciere.

Se llegó la hora de salir del trabajo y se fue él con su dinero a comprar algunas provisiones para su familia. Tomó diez pesos y envolvió los ciento noventa restantes en unos trapos y en una blusa de lona que traiba. Cuando llegó a la plaza, trató bastantes negocios allí y compró un buen pedazo de carne para llevarle a su familia.

En el camino a su casa, al olor de la carne, le salió un gavilán hambriento. El hombre se puso a pelear con el gavilán; el animal andaba tras de la carne y el hombre se defendía. En el reborujo con el gavilán, se le cayó la blusa en donde llevaba la cantidad de dinero. El gavilán agarró la blusa y se la llevó. Cuando el hombre reparó que el gavilán se llevó su blusa, se rascó la cabeza y pensó:

"¡Cuánto más valía haberle dejado a este hambriento animal que se llevara el pedazo de carne! Cuántos más pedazos de carne hubiera comprado yo con el dinero que se llevó. ¡Ahora voy a quedar en la misma calamidad que antes! Y antes más ahora,

worked for a master and that he earned only four bits a day, and with that he had to support a family of five.

The friends were surprised. "Do you mean to tell us you can maintain a family of five on only fifteen dollars a month?" one asked.

"I live modestly to make ends meet," the humble miller replied.

The two friends privately agreed that if they put this man to a test perhaps they could resolve their argument.

"I am going to make you an offer," one of them said to the miller. "I will give you two hundred dollars and you may do whatever you want with the money."

"But why would you give me this money when you've just met me?" the miller asked.

"Well, my good man, my friend and I have a long standing argument. He contends that it is luck which elevates a man to high position, and I say it is money. By giving you this money perhaps we can settle our argument. Here, take it, and do with it what you want!"

So the poor miller took the money and spent the rest of the day thinking about the strange meeting which had presented him with more money than he had ever seen. What could he possibly do with all this money? Be that as it may, he had the money in his pocket and he could do with it whatever he wanted.

When the day's work was done, the miller decided the first thing he would do would be to buy food for his family. He took out ten dollars and wrapped the rest of the money in a cloth and put the bundle in his bag. Then he went to the market and bought supplies and a good piece of meat to take home.

On the way home he was attacked by a hawk that had smelled the meat which the miller carried. The miller fought off the bird but in the struggle he lost the bundle of money. Before the miller knew what was happening the hawk grabbed the bag and flew away with it. When he realized what had happened he fell into deep thought.

"Ah," he moaned, "wouldn't it have been better to let that hungry bird have the meat! I could have bought a lot more meat with the money he took. Alas, now I'm in the same poverty as before! And worse, because now those two men will say I am a thief!

porque estos hombres me van a juzgar por un ladrón. Tal vez si yo hubiera pensado diferente en mi negocio, no debía de haber comprado nada; haberme venido para mi casa para que no me hubiera pasado una cosa semejante."

De todos modos siguió el hombre con la provisión que le había quedado para su familia. Cuando llegó a su casa, le platicó a su familia lo que le había pasado.

"De cualquier modo," le dijo su esposa, "nos ha tocado ser pobres. Pero ten fe en Dios, que algún día nuestra suerte cambiará."

Otro día en la mañana se levantó este hombre como de costumbre y se fue a su trabajo. Todo el día estuvo pensando en lo que había pasado y en lo que aquellos hombres juzgarían tocante a lo que él les iba a reportar. De todos modos, como él nunca había sido hombre dueño de dinero, pronto se le olvidó este negocio de los doscientos pesos.

Después de pasados tres meses desde que le había quitado el bellaco animal su dinero, tocó la casualidad que volvieron los mismos hombres. Tan pronto como vieron al molinero, se dirigieron a donde él estaba para que les informara cómo lo había tratado la suerte. Tan pronto como él los vido, se puso muy avergonzado. Temía que estos hombres pensaran que él podía haber malgastado aquel dinero en cosas que no habían sido buenas, ni para él ni para su familia. Cuando estos hombres lo saludaron él les contestó también con mucho agrado y al mismo tiempo les refirió tal como le había pasado. Siempre estos hombres quedaron conformes y el que alegaba que el dinero levantaba al hombre, volvió a sacar doscientos pesos de su bolsa y se los volvió a regalar a este señor. Le deseó que le fuera poco mejor que la primera vez. No hallaba qué pensar este hombre cuando volvió a recibir otra vez doscientos pesos, y dijo al que se los dio:

"Señor, valía más que usted pusiera este dinero en manos de otro hombre."

"Pues mi gusto es dejártelos a ti, porque me pareces ser un

I should have thought carefully and bought nothing. Yes, I should have gone straight home and this wouldn't have happened!"

So he gathered what was left of his provisions and continued home, and when he arrived he told his family the entire story.

When he was finished telling his story his wife said, "It has been our lot to be poor, but have faith in God and maybe someday our luck will change."

The next day the miller got up and went to work as usual. He wondered what the two men would say about his story. But since he had never been a man of money he soon forgot the entire matter.

Three months after he had lost the money to the hawk, it happened that the two wealthy men returned to the village. As soon as they saw the miller they approached him to ask if his luck had changed. When the miller saw them he felt ashamed and afraid that they would think that he had squandered the money on worthless things. But he decided to tell them the truth and as soon as they had greeted each other he told his story. The men believed him. In fact, the one who insisted that it was money and not luck which made a man prosper took out another two hundred dollars and gave it to the miller.

"Let's try again," he said, "and let's see what happens this time."

The miller didn't know what to think. "Kind sir, maybe it would be better if you put this money in the hands of another man," he said.

"No," the man insisted, "I want to give it to you because you are an honest man, and if we are going to settle our argument you have to take the money!"

The miller thanked them and promised to do his best. Then as soon as the two men left he began to think what to do with the money so that it wouldn't disappear as it had the first time. The thing to do was to take the money straight home. He took out ten dollars, wrapped the rest in a cloth, and headed home.

When he arrived his wife wasn't at home. At first he didn't know what to do with the money. He went to the pantry where he had stored a large earthenware jar filled with bran. That was as safe a place as any to hide the money, he thought, so he emptied out the grain and put the bundle of money at the bottom of the jar, then

hombre honrado. Tú tienes que quedarte con el dinero."

Le dio repetidas gracias y prometió hacer lo mejor que él pudiera. Tan pronto como estos hombres se despidieron, se puso a reflexionar qué hacer con el dinero para no tener ningún inconveniente en el cual se pudiera desperdiciar sin haberlo usado. Pensó inmediatamente ir a llevar el dinero a su propia casa. Tomó diez pesos y envolvió ciento noventa en unos trapos y se fue para su casa.

Cuando llegó a su casa no encontró a su esposa. Viendo que la casa estaba sola no hallaba dónde poner el dinero. Se fue a la despensa donde tenían una tinaja llena de salvado, vació el salvado de la tinaja y puso el dinero al fondo de la tinaja envuelto tal como estaba y volvió a echar el salvado arriba del dinero. Se salió apresuradamente a su trabajo sin haberle dado cuenta a nadie.

Cuando vino en la tarde de su trabajo, su esposa le dijo:

"¡Mira, hijo! Yo compré una poca de tierra para enjarrar la casa por dentro."

"Y ¿con qué has mercado tierra, si no tenemos dinero?"

"Sí," le dice la mujer, "pero este hombre andaba vendiendo la tierra, fuera por prendas, dinero, o cualquiera cosa. La única cosa de valor que teníamos para feriar era la tinaja de salvado, así que le di la tinaja de salvado por la tierra. Creo que será suficiente para que yo enjarre estos dos cuartos."

Se jaló de los cabellos el hombre y le interrumpió a la mujer:

"¡Ay, mujer bárbara! ¿Qué has hecho? ¡Otra vez nos quedamos en la ruina! Habías de haber visto que hoy mismo me encontré con los mismos amigos que me habían dado los doscientos pesos tres meses pasados y, habiéndoles platicado cómo perdí el dinero, me volvieron a regalar doscientos pesos más, y yo, por tenerlos más seguros, los eché dentro de la olla del salvado, ¿Qué es lo que voy a reportarle a estos hombres ahora? Ahora acabarán de juzgar que yo soy un ladrón."

"Que piensen como quieran," dijo la mujer "que al cabo uno no tiene más que lo que Dios quiere. Ya nos tocó ser pobres. Sólo

covered it up with the grain. Satisfied that the money was safe he returned to work.

That afternoon when he arrived home from work he was greeted by his wife.

"Look, my husband, today I bought some good clay with which to whitewash the entire house."

"And how did you buy the clay if we don't have any money?" he asked.

"Well, the man who was selling the clay was willing to trade for jewelry, money, or anything of value," she said. "The only thing we had of value was the jar full of bran, so I traded it for the clay. Isn't it wonderful, I think we have enough clay to whitewash these two rooms!"

The man groaned and pulled his hair.

"Oh, you crazy woman! What have you done? We're ruined again!"

"But why?" she asked, unable to understand his anguish.

"Today I met the same two friends who gave me the two hundred dollars three months ago," he explained. "And after I told them how I lost the money they gave me another two hundred. And I, to make sure the money was safe, came home and hid it inside the jar of bran—the same jar you have traded for dirt! Now we're as poor as we were before! And what am I going to tell the two men? They'll think I'm a liar and a thief for sure!"

"Let them think what they want," his wife said calmly. "We will only have in our lives what the good Lord wants us to have. It is our lot to be poor until God wills it otherwise."

So the miller was consoled and the next day he went to work as usual. Time came and went, and one day the two wealthy friends returned to ask the miller how he had done with the second two hundred dollars. When the poor miller saw them he was afraid they would accuse him of being a liar and a spendthrift. But he decided to be truthful and as soon as they had greeted each other he told them what had happened to the money.

"That is why poor men remain honest," the man who had given him the money said. "Because they don't have money they can't get into trouble. But I find your stories hard to believe. I think you

Dios sabrá hasta cuándo."

Otro día en la mañana se levantó como de costumbre y se fue a su trabajo.

Yendo y viniendo el tiempo volvieron estos hombres a donde estaba el molinero en su negocio para informarse de lo que le había pasado esta segunda vez con el dinero. Cuando el pobre los vido venir a donde estaba él, no dejó de avergonzarse y creer que estos hombres juzgaban que él era un traidor y que estaba malgastando el dinero. Tan pronto como llegaron a donde estaba él, se saludaron, y el molinero trató de hacerles saber lo que le había pasado esta vez con el segundo dinero que le habían presentado. El hombre que le había dado el dinero se sintió mal y le dijo que asina eran muchos hombres pobres, que eran muy honestos y muy honrados solamente porque no tenían dinero para andar en otras bromas. Pero como él había recibido dinero, probablemente se había dedicado a juegos, y asina es como había gastado el dinero y ahora le salía con ese cuento.

"Sea como sea," dijo el hombre, "yo todavía sostengo que los hombres se levantan a fuerza de dinero y no por la suerte."

"Bueno, entonces pase usted muy buenas tardes."

"Muy bien, amigo."

"Tenga, aquí está un pedazo de plomo. Pueda que para alguna cosa le sirva," le dijo el que sostenía que la suerte era la que levantaba a los hombres y no el dinero.

Como ésta no era una cosa de valor, la recibió y se la echó en la bolsa de su chaqueta. En la tarde cuando llegó a su casa, tiró su chaqueta arriba de una silleta y oyó alguna cosa sonar. Se acordó del pedazo de plomo que le había regalado este individuo, lo sacó de la bolsa y lo tiró asina como para abajo de una mesa. No volvió a hacer más recuerdo del pedazo de plomo. Cenaron él y toda su familia. Después de que cenaron, se acostaron. No más en cuanto se acabaron de acostar, sonaron la puerta.

"¿Quién es? ¿Qué se ofrece?"

"Yo, vecino. Dice su vecino que si no tiene un pedazo de plomo por ahí guardado por casualidad. Que le haga favor, si

gambled and lost the money. That's why you're telling us these wild stories."

"Either way," he continued, "I still believe that it is money and not luck which makes a man prosper."

"Well, you certainly didn't prove your point by giving the money to this poor miller," his friend reminded him. "Good evening, you luckless man," he said to the miller.

"Thank you, friends," the miller said.

"Oh, by the way, here is a worthless piece of lead I've been carrying around. Maybe you can use it for something," said the man who believed in luck. Then the two men left, still debating their points of view on life.

Since the lead was practically worthless, the miller thought nothing of it and put it in his jacket pocket. He forgot all about it until he arrived home. When he threw his jacket on a chair he heard a thump and he remembered the piece of lead. He took it out of the pocket and threw it under the table. Later that night after the family had eaten and gone to bed, they heard a knock at the door.

"Who is it? What do you want?" the miller asked.

"It's me, your neighbor," a voice answered. The miller recognized the fisherman's wife. "My husband sent me to ask you if you have any lead you can spare. He is going fishing tomorrow and he needs the lead to weight down the nets."

The miller remembered the lead he had thrown under the table. He got up, found it, and gave it to the woman.

"Thank you very much, neighbor," the woman said. "I promise you the first fish my husband catches will be yours."

"Think nothing of it," the miller said and returned to bed. The next day he got up and went to work without thinking any more of the incident. But in the afternoon when he returned home he found his wife cooking a big fish for dinner.

"Since when are we so well off we can afford fish for supper?" he asked his wife.

"Don't you remember that our neighbor promised us the first fish her husband caught?" his wife reminded him. "Well this was the fish he caught the first time he threw his net. So it's ours, and it's a beauty. But you should have been here when I gutted him! I found

tiene, de darle un poco, que mañana tiene que hacer una pesca muy grande y no tiene suficiente plomo para componer sus redes."

En eso se acordó el hombre de que había tirado el pedazo de plomo para abajo de la mesa. Se levantó y lo buscó y se lo entregó a la mujer.

"Muy bien, vecino, muchísimas gracias. Le prometo que el primer pescado que pesque su vecino, ha de ser para usted."

Se levantó muy de mañana el hombre y se fue a su trabajo sin haber reflexionado más sobre el pedazo de plomo.

En la tarde cuando vino a la casa, encontró que tenían un pescado muy grande para cenar.

"¿De dónde, hija, estamos tan bien nosotros que vamos a cenar pescado?"

"¿No te acuerdas que anoche nos prometió la vecina que el primer pescado que pescara el vecino nos lo iba a regalar a nosotros? Este fue el único pescado que pescó en la primera vez que echó la red. ¡Y si vieras hijo! ¡Lo que más me almira, que este pescado tenía adentro un pedazo de vidrio muy grande!"

"Y ¿qué hiciste con él?"

"Se lo di a los muchachos para que jugaran con él."

Fueron a ver el pedazo de vidrio que tenían los muchachitos. El vidrio iluminaba el cuarto obscuro. El hombre y la mujer no sabían lo que eran diamantes, así que no se fijaron en guardar el vidrio, sino que se lo dejaron a los muchachos para que jugaran con él. Por la novedad del vidrio los muchachos empezaron a pelear por él. Los más grandes se lo quitaban al más chiquito, por donde el chiquito hacía una bulla terrible.

Estos pobres tenían unos vecinos judíos que eran joyeros. En la mañana se levantó el hombre y se fue al trabajo. La mujer del joyero llegó después para pedirle a la mujer del molinero que tuviera más cuidado de su familia porque estaban haciendo mucha bulla los niños, y no los dejaban dormir.

"Sí, vecina, es verdad lo que usted dice. Pero ya ve cómo es donde hay familia. Pues usted verá que ayer hallamos un vidrio y

a large piece of glass in his stomach!"

"And what did you do with it?"

"Oh, I gave it to the children to play with," she shrugged.

When the miller saw the piece of glass he noticed it shone so brightly it appeared to illuminate the room, but because he knew nothing about jewels he didn't realize its value and left it to the children. But the bright glass was such a novelty that the children were soon fighting over it and raising a terrible fuss.

Now it so happened that the miller and his wife had other neighbors who were jewelers. The following morning when the miller had gone to work the jeweler's wife visited the miller's wife to complain about all the noise her children had made.

"We couldn't get any sleep last night," she moaned.

"I know, and I'm sorry, but you know how it is with a large family," the miller's wife explained. "Yesterday we found a beautiful piece of glass and I gave it to my youngest one to play with and when the others tried to take it from him he raised a storm."

The jeweler's wife took interest. "Won't you show me that piece of glass?" she asked.

"But of course. Here it is."

"Ah, yes, it's a pretty piece of glass. Where did you find it?"

"Our neighbor gave us a fish yesterday and when I was cleaning it I found the glass in its stomach."

"Why don't you let me take it home for just a moment. You see, I have one just like it and I want to compare them."

"Yes, why not? Take it," answered the miller's wife.

So the jeweler's wife ran off with the glass to show it to her husband. When the jeweler saw the glass he instantly knew it was one of the finest diamonds he had ever seen.

"It's a diamond!" he exclaimed.

"I thought so," his wife nodded eagerly. "What shall we do?"

"Go tell the neighbor we'll give her fifty dollars for it, but don't tell her it's a diamond!"

"No, no," his wife chuckled, "of course not." She ran to her neighbor's house. "Ah yes, we have one exactly like this," she told the miller's wife. "My husband is willing to buy it for fifty dollars — only so we can have a pair, you understand."

se lo di al niño más chiquito para que jugara con él y cuando los más grandes se lo quieren quitar, él forma un escándalo grande."

"¡A ver!" le dijo la mujer. "¿Por qué no me enseña ese vidrio?"

"Sí se lo puedo enseñar. Aquí está."

"Qué bonito vidrio es éste. ¿Dónde lo hallaron?"

"Pues adentro de un pescado. Ayer estaba limpiando un pescado y el vidrio estaba adentro de él."

"Empréstemelo para llevarlo a mi casa para ver si se parece a uno que tengo."

"Sí," le dice. "¿Por qué no?" Llévelo."

Se llevó la vecina el vidrio a enseñárselo al marido. Cuando el joyero miró este vidrio, vido que era de los diamantes más finos que jamás había visto.

"Este es un diamante," le dice a su esposa. "Anda, dile a la vecina que le damos cincuenta pesos por él."

Fue la esposa del joyero con el vidrio en la mano y le dice a la vecina:

"Dice su vecino que si quiere, que le damos cincuenta pesos por este vidrio. Todo lo hacemos porque es muy parecido a otro que tenemos nosotros y asina podíamos hacer un par muy bonito."

"De ningún modo, vecina, puedo yo vendérselo. Eso puede hacerse a la tarde cuando venga mi esposo."

En la tarde cuando vino el molinero del trabajo, le contó su esposa lo que había ofrecido su vecino el joyero. En esto estaban hablando cuando entró la mujer del joyero.

"¿Qué dice, vecino, quiere cincuenta pesos por el vidrio?"

"Alárguese poco más."

"Le daré cincuenta mil pesos."

"Poco más." le dice.

"No puedo alargarme más. Voy a ver a mi esposo a ver qué me dice. Hasta ahí no más me dijo que me alargara."

Fue la esposa del joyero y le dijo a su esposo lo que había reportado el vecino. El joyero entonces sacó setenta y cinco mil

"I can't sell it," the miller's wife answered. "You will have to wait until my husband returns from work."

That evening when the miller came home from work his wife told him about the offer the jeweler had made for the piece of glass.

"But why would they offer fifty dollars for a worthless piece of glass?" the miller wondered aloud. Before his wife could answer they were interrupted by the jeweler's wife.

"What do you say, neighbor, will you take fifty dollars for the glass?" she asked.

"No, that's not enough," the miller said cautiously. "Offer more."

"I'll give you fifty thousand!" the jeweler's wife blurted out.

"A little bit more," the miller replied.

"Impossible!" the jeweler's wife cried, "I can't offer any more without consulting my husband." She ran off to tell her husband how the bartering was going, and he told her he was prepared to pay a hundred thousand dollars to acquire the diamond.

He handed her seventy-five thousand dollars and said, "Take this and tell him that tomorrow, as soon as I open my shop, he'll have the rest."

When the miller heard the offer and saw the money he couldn't believe his eyes. He imagined the jeweler's wife was jesting with him, but it was a true offer and he received the hundred thousand dollars for the diamond. The miller had never seen so much money, but he still didn't quite trust the jeweler.

"I don't know about this money," he confided to his wife. "Maybe the jeweler plans to accuse us of robbing him and thus get it back."

"Oh no," his wife assured him, "the money is ours. We sold the diamond fair and square — we didn't rob anyone."

"I think I'll still go to work tomorrow," the miller said. "Who knows, something might happen and the money will disappear, then we would be without money and work. Then how would we live?"

So he went to work the next day, and all day he thought about how he could use the money. When he returned home that afternoon his wife asked him what he had decided to do with their

pesos y le dijo:

"Llévale estos y dile que mañana, luego que se abra allá, le traeré lo restante, que le voy a dar cien mil pesos."

Cuando el molinero vido a la mujer con aquel dineral, cuasi no lo creía él. Creía que aquella mujer estaba chanceándose. Pero sea como fuere, el pobre recibió cien mil pesos por el diamante.

Cuando el molinero se vido con tanto dinero, él y su esposa no hallaban qué pensar. Decía él:

"Pues no sé de este dinero; el joyero de repente nos podía levantar un crimen que nosotros lo hemos robado, o de alguna manera nos podía levantar un perjuicio muy grande."

"¡Oh, no!" decía la mujer. "Ese dinero es de nosotros. Nosotros vendimos el vidrio por ese dinero. Nosotros no se lo robamos a nadien."

"De todos modos yo voy mañana a trabajar, hija. No nos vaya a suceder que se nos acabe el dinero y no tengamos ni el dinero ni el trabajo y entonces, ¿cómo nos vamos a mantener?"

Se fue el hombre al otro día a su trabajo. Todo el día se estuvo pensando y pensando cómo podía dirigir aquel dinero para que le cambiara su suerte. En la tarde cuando volvió del trabajo, le dijo su esposa:

"Qué has dicho o qué has pensado? ¿Qué vas a determinar hacer con este dineral que tenemos?"

"Voy a ver si puedo poner un molino, tal como el que yo estoy corriendo de mi amo. Quiero poner un comercio y asina, poco a poco, veremos si cambiamos nuestra suerte."

Otro día este hombre se fue con mucho empeño y anduvo negociando, comprando todo lo necesario para poner un molino, un comercio, y una casa. Pronto arregló todo.

Ya pasaban como unos seis meses, tal vez más, desde que no había visto a los hombres que le regalaron los cuatrocientos pesos y el pedazo de plomo. El tenía muchos deseos de verlos, para hacerles saber cuánto le había ayudado aquel pedazo de plomo que le regaló el hombre que reclamaba que la suerte era la que ayudaba al hombre a levantarse y no el dinero.

new fortune.

"I think I will start my own mill," he answered, "like the one I operate for my master. Once I set up my business we'll see how our luck changes."

The next day he set about buying everything he needed to establish his mill and to build a new home. Soon he had everything going.

Six months had passed, more or less, since he had seen the two men who had given him the four hundred dollars and the piece of lead. He was eager to see them again and to tell them how the piece of lead had changed his luck and made him wealthy.

Time passed and the miller prospered. His business grew and he even built a summer cottage where he could take his family on vacation. He had many employees who worked for him. One day while he was at his store he saw his two benefactors riding by. He rushed out into the street to greet them and ask them to come in. He was overjoyed to see them, and he was happy to see that they admired his store.

"Tell us the truth," the man who had given him the four hundred dollars said. "You used that money to set up this business."

The miller swore he hadn't, and he told them how he had given the piece of lead to his neighbor and how the fisherman had in return given him a fish with a very large diamond in its stomach. And he told them how he had sold the diamond.

"And that's how I acquired this business and many other things I want to show you," he said. "But it's time to eat. Let's eat first then I'll show you everything I have now."

The men agreed, but one of them still doubted the miller's story. So they ate and then the miller had three horses saddled and they rode out to see his summer home. The cabin was on the other side of the river where the mountains were cool and beautiful. When they arrived the men admired the place very much. It was such a peaceful place that they rode all afternoon through the forest. During their ride they came upon a tall pine tree.

"What is that on top of the tree?" one of them asked.

"That's the nest of a hawk," the miller replied.

"I have never seen one; I would like to take a closer look at it!"

Yendo y viniendo el tiempo, el molinero estaba muy bien puesto. Tenía muy buen comercio, había levantado una casa de campo adonde irse a divertir con su familia, y tenía criados que trabajaban por él.

Un día que estaba en su tienda, vio pasar aquellos dos señores que más antes le habían regalado cuatrocientos pesos y el pedazo de plomo. Tan pronto como los vido, salió a la calle a encontrarlos y a suplicarles que le hicieran el favor de entrar para dentro. El tenía mucho gusto de hablar con ellos y verlos. Tan pronto como entraron, aquellos hombres quedaron admirados de ver aquella tienda tan grande que él tenía. Al mismo tiempo el que le había regalado los cuatrocientos pesos no dejaba de juzgar que éste hombre había empleado aquel dinero en este comercio, pera a él se lo negaba. El molinero les platicó cómo había dado el pedazo de plomo a su vecino y luego cómo el pescador le había regalado un pescado que tenía adentro un diamante muy grande. Les contó también de la venta del diamante por una cantidad de dinero enorme y terminó diciéndoles:

"Y asina es como he adquirido este comercio y muchas otras cosas que quiero enseñarles. Pero ya es hora de comer. Vamos a tomar la comida y luego vamos a tomar un paseo para enseñarles todo lo que tengo."

Tomaron la comida y luego que acabaron de comer mandó a un muchacho que ensillara tres caballos, y se fueron los tres a pasearse para enseñarles la casa de campo que tenía. Esta casa de campo estaba al otro lado del río donde había bastante monte en un lugar muy bonito. Cuando llegaron allá, les gustó mucho el lugar a los hombres y empezaron a pasearse entre el monte. Durante su paseo le llamó la atención a uno de los hombres un nido de gavilán que estaba allá arriba en un pinabete.

"Y eso que se ve allá arriba, ¿qué cosa es?"

"Eso es un nido de gavilán,"dijo el dueño del rancho.

"¡Cómo desearía ver yo ese nido más cerquita!"

En eso mandó el hombre a uno de sus criados que subiera arriba del pinabete y bajara el nido con cuidado para satisfacerle a

"Of course," the miller said, and he ordered a servant to climb the tree and bring down the nest so his friend could see how it was built. When the hawk's nest was on the ground they examined it carefully. They noticed that there was a cloth bag at the bottom of the nest. When the miller saw the bag he immediately knew that it was the very same bag he had lost to the hawk which fought him for the piece of meat years ago.

"You won't believe me, friends, but this is the very same bag in which I put the first two hundred dollars you gave me," he told them.

"If it's the same bag," the man who had doubted him said, "then the money you said the hawk took should be there."

"No doubt about that," the miller said. "Let's see what we find."

The three of them examined the old, weatherbeaten bag. Although it was full of holes and crumbling, when they tore it apart they found the money intact. The two men remembered what the miller had told them and they agreed he was an honest and honorable man. Still, the man who had given him the money wasn't satisfied. He wondered what had really happened to the second two hundred he had given the miller.

They spent the rest of the day riding in the mountains and returned very late to the house.

As he unsaddled their horses, the servant in charge of grooming and feeding the horses suddenly realized that he had no grain for them. He ran to the barn and checked, but there was no grain for the hungry horses. So he ran to the neighbor's granary and there he was able to buy a large clay jar of bran. He carried the jar home and emptied the bran into a bucket to wet it before he fed it to the horses. When he got to the bottom of the jar he noticed a large lump which turned out to be a rag covered package. He examined it and felt something inside. He immediately went to give it to his master who had been eating dinner.

"Master," he said, "look at this package which I found in an earthenware jar of grain which I just bought from our neighbor!"

The three men carefully unraveled the cloth and found the other one hundred and ninety dollars which the miller had told them he had lost. That is how the miller proved to his friends that he was

su amigo el deseo que tenía de ver aquel nido más cerquita. Cuando el nido estaba abajo lo estuvieron examinando los tres hombres muy bien y entonces notaron que abajo del nido estaba como una blusa de lona. Cuando el molinero vido la blusa, de una vez reflexionó que era la lona que él traiba puesta cuando el gavilán hambriento había peleado con él por el pedazo de carne, y no habiéndole podido quitar la carne, se había llevado la blusa entre las uñas.

"¿Qué no les parece, amigos, que esta es la blusa que tenía yo el día que me regalaron los primeros doscientos pesos?"

"Pues si es esta la misma blusa," dijo él, "que tenías cuando te regalamos el dinero, aquí han de estar los doscientos que tú nos reportaste que el gavilán se había robado con todo y blusa."

"Pues creo que no hay duda. Esta es mi blusa y vamos a examinar a ver qué es lo que hallamos."

Empezaron entre los tres amigos a examinar la blusa. Aunque la blusa tenía bastantes agujeros por estar apolillada, encontraron que el lugar donde había puesto el dinero no había sido afectado de ningún modo, y el dinero estaba perfectamente tal como él había reportado. Los dos hombres confesaron lo que el molinero les había dicho más antes y juzgaron que era un hombre honesto y honrado. Pero el hombre que le había hecho los presentes de dinero no quedaba muy satisfecho porque no había encontrado los otros ciento noventa que faltaban.

Pasaron el día muy contentos, paseándose, y ya se vinieron poco tarde a la casa. El hombre que atendía a los caballos no se había dado cuenta de que no había grano para los caballos cuando volvieran. Y en eso que llegaron, fue al comercio de ellos mismos y no encontró grano para darles a los caballos que habían llegado. Se fue a otro comercio que estaba inmediato y allá encontró que no había más que un tinaja de salvado. Trujo la tinaja de salvado y cuando llegó a la casa de su amo vació el salvado en otra cubeta para mojarlo y dárselo a los caballos. Al vaciar la tinaja notó que estaba un bulto algo grande como un empaque envuelto en unos trapos en el fondo de la tinaja. Lo

truly an honest man.

And they had to decide for themselves whether it had been luck or money which had made the miller a wealthy man!

cogió, lo examinó y vido que alguna cosa contenía. Hizo por quitarle bien el salvado para que quedara limpio y fue a presentarlo a su amo que estaba cenando.

"Mi señor, mire qué bulto he encontrado dentro de una tinaja que he comprado al otro comerciante."

"¿Qué es lo que hablas de tinaja?"

"Sí," le dijo, "que he hallado este envoltorio dentro de una tinaja llena de salvado."

Lo tomaron y los tres hombres allí mismo curiosamente estuvieron desenvolviendo con muy buen cuidado los trapos y descubrieron que allí estaban los otros ciento noventa que el molinero les había dicho que había perdido. Y aquí acabó de probar el molinero a sus amigos que él había tratado siempre con la verdad y que él no estaba mintiéndoles.

Y se pusieron a reflejar si era el dinero o la suerte lo que le ayudó al molinero levantarse.

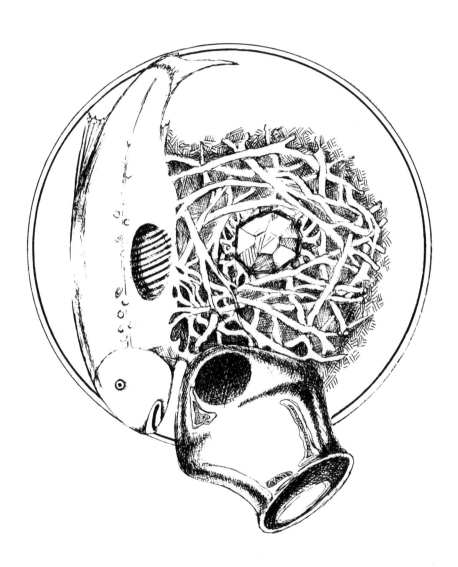

UN AÑO QUE SE LES ESTABAN SECANDO las labores a los indios del pueblo, se fueron a la casa del padre a pedirle al Santo Niño. Querían pasear al Santo Niño por las labores para ver si así llovía.

Pues el padre les dijo que estaba bien, y fueron y se lo quitaron a San Antonio, porque San Antonio lo tenía en brazos. Los indios llevaron al Santo Niño y lo pasearon alrededor de sus labores. Cuando ya venían de regreso para sus casas, venía una nube muy fuerte. Los indios se contentaron mucho al ver la nube tan fuerte, pero llegando a la casa, cayó un granizal, no agua. De modo que no pudieron ir a entregar al Santo Niño, y durmió ahí esa noche. El granizo les acabó la labor por lo que fue una comisión a avisarle al padre lo que había hecho el Niño y le dijeron:

"Tata padre, aquí venimos a que nos des a San Antonio."

"¿Para qué?"

"Para llevarlo a que vaya a ver la porquería que hizo su hijo ayer."

El Santo Niño

The Holy Child

ONE RAINLESS YEAR the fields of the Pueblo village were drying up, so the Indians went to the priest to ask him for the statue of the Holy Child. They wanted to carry the Holy Child through their fields to see if He could help bring rain.

The priest gave them permission, so they went to the church and took Him from the arms of the statue of their patron saint, San Antonio. Then they carried the Holy Child around their fields and pastures. When they returned to their homes rain clouds were already forming. The Indians were very happy to see the storm clouds, but instead of raining, it hailed. They weren't able to return the Holy Child to the church, so He stayed overnight at the pueblo. Needless to say, the hailstorm ruined their crops, so a group from the pueblo went to tell the priest what had happened.

"Father," they said, "we have come for our San Antonio."

"What for?" the priest asked.

"We want him to go see the mess his son caused yesterday!"

PUES HABIA UNA MUJER que se llamaba Dolores. Era muy negra y por sobrenombre le llamaban Cascarera. Esta mujer tenía la fama de que era una bruja. Se decía que ella vivía entre los caballos silvestres.

Una de las veces que estaban los yutas en el río de Lobatos, donde estaba la ranchería, se fueron unos siete yutas para el cerro de Don Antonio, al Berrendo, al Capulín y a la Angostura. Cuando llegaron los indios a un lugar que se llama la Joya de la Maromera, vieron un hatajo de caballos y se fueron a verlos. La

La yegua prieta

The Black Mare

THERE ONCE LIVED A WOMAN whose name was Dolores. She was dark and the villagers had nicknamed her "Cascarera." She was said to be a witch, and many strange powers were attributed to her. It was said that she was especially fond of horses and that she lived among the wild herds.

One day a group of Ute Indians were camped near a deserted ranch along the Río de Lobatos. Seven of the Utes rode to the hills near San Antonio, Berrendo, Capulín and Angostura in search of wild horses. When they arrived at a place called La Joya de la

caballada era del difunto Felipe Lucero. Ellos conocían la caballada pero fueron a ver cómo se miraba.

Cuando estaban viéndola, notaron una yegua prieta muy hermosa. Parecía yegua americana de buena clase. Los indios pensaron que esta yegua sería de algunos americanos que habían pasado por Nuevo Méjico, a los que se les había perdido. Ellos sabían que no era del difunto Lucero y determinaron arrear la caballada a la Angostura donde había un corral.

Arrearon toda la caballada para pescar la yegua. Cuando ellos salieron, la yegua prieta se apartó de la caballada muy recio y se tiró hacia el río de San Antonio. Los indios la siguieron con los caballos a rienda suelta, porque la yegua arrancó espantada. Le aflojaron a los caballos para alcanzarla y lazarla. Abajaron al río de San Antonio donde le dicen El Codo; entró la yegua a un bosque, a un jaral muy espeso y grande. Los indios rodearon el jaral para no dejarla pasar para este lado. Ellos estaban concentrados en lazarla, pero la yegua no salió del bosque. La tenían rodeada y no se podía salir sin que la vieran. Como la yegua no salió, determinaron ellos que la yegua estaba amachada debajo de unas jaras y no quería salir. Entonces el que los mandaba dio orden que se apearan dos hombres de sus caballos y la echaran del jaral. Los otros la estaban esperando a la salida.

Los dos que entraron al jaral hallaron adentro del bosque a la Doña Dolores muy sudada y con el resuello gordo, y le preguntaron:

"Comadre, ¿no vites entrar una yegua prieta a este jaral?"

"No, no la vide," dijo ella.

Los indios empezaron a buscar a la yegua otra vez. Dieron unas vueltas y todavía no la hallaron. Entonces le dijeron ellos al indio que mandaba:

"Venga acá, aquí está la yegua."

Se apearon todos los indios y entraron al bosque. El capitán de ellos le dijo:

"Comadre, ¿qué estás haciendo aquí?"

"Estoy juntando manzanita," dijo ella.

Maromera they spotted a herd of horses and rode closer to have a look. They knew the herd had belonged to Felipe Lucero, who had died recently. Now his ranch was deserted, and the Utes thought perhaps they could pick up a few of his horses.

Running in the herd was the most beautiful black mare they had ever seen. She was obviously a well-bred horse, perhaps lost by one of the American wagon trains. They knew that it wasn't one of Felipe Lucero's horses. The leader gave the command and a chase began.

They tried to turn the herd towards Angostura where they could corral the black mare, but she separated from the herd and headed for the Río de San Antonio. The Indians gave their horses loose rein in the effort to catch the mare, and a few threw their lariats, but they couldn't lasso her. Raising a cloud of dust and scattering gravel they descended towards the river at a place called El Codo. There the woods were swampy and thick with willow trees. The black mare disappeared into the thick brush; the Indians quickly took positions to prevent her escape.

They knew they had her surrounded so that she couldn't escape. They waited awhile but when she didn't appear they decided to go in after her. The leader ordered two men to dismount and to go into the brush and drive her out. The others would wait, ropes ready.

The two who entered the brush were surprised to find a woman resting beneath a tree. It was Dolores, sweating and panting for breath.

"Doña Dolores," one of them inquired, "did you see a black mare enter this brush?"

"No, I did not see her," she answered.

The Indians again searched for the mare, and then looked at Dolores suspiciously. They then decided to call their leader.

"Come! We have found the black mare," they called. When the rest of the Indians entered the brush they were surprised to see only the woman.

"Doña Dolores," the leader asked, "what are you doing here?"

"I was just gathering manzanita," she replied.

"If you were here, then you must have seen the mare enter," the leader insisted.

"¿Qué no vites, comadre, entrar una yegua negra a este bosque estando tú aquí?"

"No," le dice ella.

"Pus, tú eres, comadre, la yegua que nosotros corremos de la Joya de la Maromera aquí. ¡Tú eres! Tú eres!"

Vino el indio y la agarró de una mano y le dijo,

"Ven aquí, comadre."

Y salieron a donde estaban los caballos. Los caballos todavía se estremecían de la carrera. Todavía les corría el agua.

"¿Ves caballo, comadre?"

"Sí," le dice ella.

"Mucho sudar, ¿no, comadre?"

"Sí," le dice ella, "muy sudaos."

"Mira, mi caballo es muy ligero, comadre. Nunca suda tanto para agarrar otro caballo; pa agarrarte a ti, mira, sudó mucho y no agarró. Tú sí mucho ligero. Tú como pajarito. Caballo no alcanza a ti. ¿Cómo te parece? Yo creo que tú eres una bruja. Yo pienso decirle a los muchachos matarte aquí pa que no corran los muchachos tanto agarrándote a ti."

"No me mates, compadre. Mira que tengo mucha familia. Tenerle lástima a mis hijos. Yo te prometo que de hoy en adelante vas a agarrar todos los caballos que quieres."

"Bueno, comadre, no matarla. Anda vete pa tu casa y no te vuelvas a volver yegua, y no te olvides de tu promesa. Tú sí sabes mucho."

"Tienes mi palabra," respondió Doña Dolores. "Pescarás caballos hasta en tus sueños."

"No, I didn't," she answered.

The leader had heard the stories about Doña Dolores, and he suspected what had happened. "Tell the truth, Doña Dolores," he said. "You are the black mare we chased from La Joya de la Maromera!"

He reached down and grabbed her by the hand and took her out of the brush. The horses of the Indians were still sweating from the run.

"See the horses, Doña Dolores!" the leader said.

"Yes," she nodded and tossed her black, glistening hair in the wind.

"They sweat from running hard after the black mare!"

"Look at my horse," the leader pointed. "He is the fastest horse in the country. He never sweats this much to catch other horses. Today he ran as fast as the wind, still he could not catch you. You are very fast Doña Dolores, as fast as a bird. How does it appear to you? It is clear to me that you are a witch! I think it is best to have my men kill you so that we won't have to chase you again."

"No, don't kill me, my good friend," Dolores said softly. "Think of my family. Spare me and I promise you that from this day forth you will catch every horse you chase."

The Indian thought this over, knowing full well the power of a witch. "Very well," he said, "I will spare you. But you must keep your vow."

"I will keep my word," she smiled as she lightly stepped away. "You will catch horses even in your dreams."

HABIA EN UN TIEMPO una mujer que vivía sola con su hijo. Cuando el muchacho cumplió los doce años de edad, le pidió la venia a su madre para salir a trabajar. La madre no quería concederle que fuera, pero el muchacho insistía tanto en salir a trabajar que al fin ella le echó la bendición y le alistó provisiones para su viaje.

Salió el muchacho a buscar trabajo y caminó dos días. En el segundo día ya muy tarde llegó al rancho de un hombre que tenía un hatajo de borregas y le pidió trabajo. El hombre le dijo que sí le

El pastor que sabía
los idiomas
de los animales

The Man Who Knew
the Language of
the Animals

ONCE UPON A TIME in the Land of Enchantment there lived a woman and her only son. When the boy reached twelve years of age, he asked his mother's permission to go out and seek his fortune. At first his mother would not grant him permission, but her son was so insistent that she finally relented and allowed him to go make his way in life. She gave him her blessing and readied provisions for his journey.

The following day the boy set out happily on his great adventure. Late on the second day of his journey he came to the

daba trabajo, si podía cuidar una pastoría, y el muchacho le respondió que sí podía. Empezó el muchacho a cuidar sus mil borregas y seguía muy interesado en el trabajo porque el sueldo que ganaba era el ochenta porciento de los corderos que nacían.

Estando el pobre pastor un día caloroso bajo la sombra de un pino, vio que se levantó una quemazón por la orilla de una floresta y empezó a oír un silbido muy extraño que no conocía. Al fin se arrimó a donde salían los silbidos, y vido arriba de un árbol una culebra. La calor de abajo le llegaba a la culebra y silbaba a alguien que fuera a su socorro.

Al fin vino el pobre pastor y levantó una jara muy larga que estaba allí, y la acercó a la rama donde estaba la culebra. La culebra se prendió de la vara y se vino desarrollándose para abajo. Cuando llegó abajo se prendió al muchacho y se enredó en un brazo. El muchacho trató de quitarse la culebra pero no pudo. Se le había ligado la culebra muy bien. En los esfuerzos que hacía de quitarse la culebra, le habló la culebra y le dijo:

"Llévame a donde está mi madre y yo te aseguro que mi madre te recompensará mil veces lo que tú has hecho conmigo."

"¿Y cómo sé yo quién es tu madre ni dónde vive?"

"Bien, yo te puedo enseñar. Yo te puedo dirigir, y seguramente llegaremos a donde ella está. Pesca la orilla de esta floresta para abajo, contra las lomas. Cuando lleguemos al sitio donde ella está, yo te indicaré."

El pastor siguió las direcciones de la culebra hasta que enfrentaron a una grande cueva, ahí se le desenredó la culebra sola del brazo y le dijo que la siguiera. El pastor la siguió y se metió la culebrita en la cueva. Adentro estaba una sierpe que era la madre de la culebra. Y le dice la culebrita a la sierpe:

"Madre, aquí traigo a un hombre que acaba de salvarme la vida. Me hallé en la más grande tribulación que me he encontrado en esta vida. Se formó una quemazón y me trepé yo a los árboles. El fuego de abajo me alcanzaba en donde yo estaba y empecé a gritar por socorro, y este pobre pastor llegó y me salvó y lo he traído para que le pague lo que él ha hecho por mí."

ranch of a man who had a large flock of sheep. The boy asked the man for work, and the man offered him work as a shepherd. So the boy was given the job of caring for a thousand sheep. He became quite interested in his work because his wages were to be eighty percent of the young lambs which were born. If he worked diligently he knew he would soon have money to send to his mother.

One hot summer day as the young shepherd rested beneath the shade of a pine tree he noticed that a fire had started at the edge of the forest. From the same direction he heard a strange hissing sound. He walked toward the fire to find what was causing the hissing, and at the edge of the fire he came upon a strange sight. Wrapped around the branches of a tree was a small snake. It had climbed the tree to escape the fire, but now the tongues of flame reached upward and the snake cried for help.

The shepherd quickly picked up a stick and held it to the snake so it was able to climb down and escape the fire. But when it had slithered down the stick it wrapped itself around the boy's arm. Startled, the shepherd tried to shake it loose, but he couldn't. The snake clung tightly, and as soon as they were safely away from the fire it spoke to the shepherd:

"Don't be frightened my young savior, I am grateful to you for saving my life. To show my gratitude I will take you to my mother, and she will reward you handsomely."

"But who is your mother and where does she live?" the shepherd asked.

"I will show you," the snake answered. "We follow the edge of the forest and go down towards the hills. There she lives in a great cave. Come, I will show you."

So the shepherd followed the directions given to him and walked down to the hills until he came to a large cave, and only then did the snake unwind itself from his arm.

At the entrance of the cave the little snake stopped and told the boy: "The mother of all the snakes will offer you money as a reward for saving my life, but don't accept it. Ask instead for the gift of understanding the language of animals. That will serve you far better than all the money in the world."

La culebrita ya le había advertido en el camino al pastor que su madre le podía pagar todo el dinero que él quisiera, pero que no fuera a aceptar nada de eso. Le aconsejó que mejor pidiera el don de entender todos los idiomas de los animales y eso le sería más útil que todo el dinero que le pudiera dar.

"Pues dile que entre," le dijo la sierpe.

Sale la culebra afuera y lo llama para que entre. Y le dice la sierpe al pastor:

"Me ha dicho mi hija que tú le has salvado la vida, y que de otra manera se hubiera muerto en la quemazón, y por eso te ha traído para que yo te recompense lo que tú has hecho con ella. Ahora pide tú lo que tú quieras y yo te lo doy."

"Yo no quiero dinero. No quiero de este mundo más que el don de poder entender los idiomas de los animales."

"Eso no puedo hacer yo. Pídeme dinero y yo te lo doy. Pídeme un reino y yo te lo doy."

"No quiero dinero. Quiero el don de entender los idiomas de los animales. Si es que me pueda recompensar mi trabajo, eso quiero y si no, adiós."

"Bueno te voy a dar el don que tú me pides. Yo rehusaba otorgarte ese don porque creiba que no tendrías valor para recibirlo. Pero si tú te atreves, estoy dispuesta a dártelo."

El pobre pastor le dijo que sí se atrevía y que él tenía el valor no sólo para eso sino para mucho más.

"Bueno, abre tu boca para meterte yo mi lengua adentro y después abro yo mi boca y tú tienes que meter tu lengua adentro de mi boca."

El pastor se decidió a que la sierpe le metiera la lengua adentro de su boca. Abrió la boca, se arrimó la sierpe y con su larga lengua le anduvo adentro de toda la boca, se arrimó el pastor, sacó su lengua y ambas lenguas se trabaron y fue suficiente, luego le dijo:

"Ahora sí, estás en posesión de poder entender todos los idiomas de los animales, pero te advierto una cosa, que no le vayas a platicar nada a nadie, porque si no te mueres. Y así vete."

Then they entered the cave and went far into the darkest, deepest recesses. And there was the mother of all the snakes, a huge creature who lay coiled in quiet dignity.

"Mother of all the snakes," the small snake said respectfully, "I have brought with me a young shepherd who has saved my life. Only hours ago I found myself in grave danger. I was surrounded by a fire and I climbed a tree to escape, but still the flames reached up to burn me. I called for help and this young shepherd came to my rescue. Now I have brought him to you so you might repay his kindness."

The shepherd stood before the giant glistening snake, trembling with fear and awe. He had never seen a snake so huge. He held his breath as he looked into her eyes and waited for her to speak.

"You have saved my daughter's life. If you had not rescued her she would have perished in the fire. Now, ask for anything you want and it shall be yours."

"The only thing I desire in this world is the gift to understand the language of the animals," the shepherd answered.

"That can't be!" the giant snake hissed. "Ask for money and I will give it to you! Ask me for a kingdom and it will be yours!"

"I don't want money," the shepherd insisted. "I want the power to understand the animals. If you can't give me that as a reward, then I don't want anything."

He turned to leave but the giant snake called him back.

"Very well," she said, "I will give you the gift you desire. I refused to give you that gift at first because it is a very powerful force. One must be very wise and brave to receive it. From your deed I know you are brave, by your words I know you are wise, so I will grant it to you."

The young shepherd told her he was willing to accept the responsibility of the gift.

"Very well," the snake commanded, "open your mouth so that I can touch your tongue with mine, and you too must touch my tongue with yours."

The shepherd shuddered as he saw the forked tongue of the snake flick out, but he was determined to go ahead with the ritual. He opened his mouth and felt the warm tongue of the snake touch

Se fue el pobre pastor. Cuando él iba caminando por la vereda oía los pájaros cantar y entendía lo que decían. Cuando llegó a donde estaba su ganado, entendía lo que decían las borregas. Se decían:

"Pero mira este pastor tan descuidado que nos ha dejado tan largo rato solas con el riesgo de que podía haber venido un coyote o un lobo y nos hubiera acabado."

El pastor entendía todo lo que los animales platicaban y pasó toda la tarde deleitándose oyendo todo lo que los animales hablaban. Quedó admirado del nuevo don que le había dado la culebra y no dejaba de reflejar la suerte que le tocó al encontrarse con la culebrita en peligro. Pero siempre se acordó de lo que la sierpe le advirtió, "¡No le vayas a platicar nada a nadie, porque si no, te mueres!"

Un día caloroso que estaba cuidando su ganado se acostó con la panza para el sol y el ganado estaba echado cerca de el. Había unos cuervos en unos cedros y estaban hablando y oyó el pastor lo que se decían:

"Pero miren a aquel pobre pastor güevón con la panza para el sol. ¡Esa es la vida de pastor, estar durmiendo y no tener que hacer nada!"

"Ay, pobrecito," dijo el otro. "¿Qué tal si supiera el tesoro que está enterrado donde está echado ese carnero negro? ¡No volvería a ser pastor, sería el hombre más rico que hubiera en estos lugares!"

El pobre pastor se sentó de una vez refregándose los ojos y buscando a ver en donde estaba el carnero echado. Así que lo vio, agarró una piedra grande y fue al lugar donde estaba el carnero echado y puso unas señales para poder hallar el lugar otro día.

Al día siguiente vino el pastor aprevenido con una pala y un buen talachi y se puso con empeño a trabajar. Cuando hubo escarbado como cinco pies, pegó el talachi en una cosa muy maciza. Fue descubriendo con la pala la tierra que cubría el objeto, hasta que alcanzó a conocer un cajón de cobre. Siguió dándole con el talachi hasta que lo rompió, y luego por la hendidura que le hizo

his tongue. Then he too touched the tongue of the serpent with his own. When the ceremony was done he felt his tongue burning as if it was on fire, and for a moment he wondered if he had done the right thing.

"Now you are in possession of the power to understand the speech of all the animals," the mother of all the snakes said. "But I must warn you of one thing: you must never tell anyone this secret, because if you do you will die! Now go."

The shepherd then left the cave. As he walked down the path he overheard two birds singing to each other, and he understood everything they said. He felt overjoyed with his newfound power. When he reached his flock of sheep, he heard them talking to each other:

"Here comes our careless shepherd. He has left us alone for so long it would serve him right if a coyote or a wolf had come and eaten us all."

"It wouldn't serve *us* right," another sheep answered, and they all laughed and went on talking as they grazed.

The shepherd understood everything they said, and he passed the evening listening to the conversation of the animals of the forest. He felt an awe at this wonderful gift which had been granted to him. He had never before realized that the animals of the fields and forest could speak so knowingly about the affairs of life. Many a day he spent listening to their continual chatter as they discussed their concerns, and when he remembered how he had acquired his gift it was with a shiver that he remembered the giant serpent's admonition: *You must never tell anyone this secret, or you will die!*

One day as he was caring for his flock he happened to notice two large crows who alighted on the branches of a juniper tree near him. They saw him also, and not knowing he could understand their language, they began to talk about him:

"Just look at that lazy shepherd; he lies in the sun all day. What a life he leads! He has all day to sleep and nothing to do!"

"Poor man," the other crow answered, "what if he knew that many years ago a gang of bandits buried a treasure at the very spot where that black ram is sleeping. If only he knew he would not be just a shepherd, he would be the richest man in this region!"

al cajón, metió la mano y empezó a sacar puñados de oro! Llenó sus bolsas con el oro que sacó y volvió a cubrir el cajón y luego borró todas las señas.

Esa tarde le dijo al patrón que ya no quería trabajar y que le pagara su sueldo para irse, porque quería ir a ver su madre.

En efecto, otro día tomó su camino y fue a dar a su casa. Le dio a su madre algunas onzas de oro para que fuera a tratar a la tienda lo que ella necesitaba. La gente quedó admirada de todo el dinero que traiba la viejita.

Otro día el hijo buscó un asno y dos sacos y le dijo a su madre que iba a traer un poco de grano que le había dado el patrón. Llegó de noche al lugar donde estaba su tesoro, abrió el pozo otra vez y llenó los sacos con todo el oro que podía manejar. Echó los sacos arriba del burro y volvió a tapar el pozo y emprendió su camino para su casa esa misma noche.

Llegó ya en la madrugada a su casa, bajó los sacos con el oro y se puso a hacer un pozo en la cocina y allí los enterró y borró toda señal de que había abierto el pozo. De manera que el muchacho siguió echando viajes a su tesoro hasta que cambió todo a su casa. El muchacho empezó a comprar terreno, y muchas borregas y vacas hasta que con el tiempo vino a ser el hombre más rico de aquellos lugares.

Yendo y viendo tiempo, se le murió su anciana madre y se hizo hombre y se casó con una mujer bella. Un día salieron él y su mujer para el ejido a dar vuelta a sus animales. El hombre montaba un caballo muy ligero y su mujer que estaba encinta montaba una yegua preñada. El caballo del hombre daba brincos y arrancaba con ganas de correr pero la yegua venía despacito a su paso. Luego le dice el caballo a la yegua:

"¿Por qué vas tan despacio? ¿Por qué no te apuras?"

"Pues, ¿qué crees? ¡Nosotros semos cuatro y ustedes no más son dos!" le dice la yegua.

Esto le cayó en gracia al hombre y soltó una carcajada. Pues de una vez la mujer empezó a molestarlo que si por qué se estaba riendo.

The shepherd immediately sat up and rubbed his eyes. He looked around and saw where the black ram was resting, and immediately he went and marked the spot with a big rock.

The following day he came prepared with a shovel and a pick. He dug in the place he had marked the day before, and after some time he felt his pick strike a hard object. He shoveled away the dirt and uncovered an old copper-plated trunk. Using the pick he broke open the trunk and lifted the lid. What a surprise when he saw it was full of gold coins! When his pockets were full he buried the trunk again and carefully covered up all signs of his digging.

That evening he went to his master and told him he was quitting his work as a shepherd. He asked for his wages and announced he was going home to see his mother.

When he arrived home his mother was very happy to see him and she was overjoyed when he filled her hands with gold coins. She immediately went to the store to buy things she needed. The people of the village soon wondered how she had come upon so much money, but she didn't say anything.

The next day her son bought a burro and two sacks, and he told her he was going for some grain which his master had given him. He couldn't tell her how he had found the gold because to reveal his secret, he remembered, meant death. He traveled all day and arrived at the place of the buried treasure. He dug out the hole and filled the two sacks with as much gold as they could carry. He loaded the sacks on the burro, covered the hole, and returned home.

When he arrived home at dawn he dug a hole in the kitchen floor and buried the gold, then he erased all signs of the hiding place. Thereafter, he continued his daily trips until he had brought all of the buried treasure home. Then he began to buy land and flocks of sheep and herds of cattle, and in time he was one of the richest men in the area.

Time came and went, he took care of his old mother until she died, then he courted a lovely woman and married her. One day, shortly after they were married, he and his wife went out riding to the pasture land to check on the livestock. He was riding a very fast horse and his wife, who was pregnant, followed slowly behind. The mare she was riding was also pregnant. The man's horse pranced

El hombre no sabía qué contestarle y se puso muy serio por miedo de revelar su secreto. La mujer con más veras le picaba a su marido para que le diera razón por la risa que le dio. Dieron vuelta a los animales y volvieron a casa y la mujer se aferraba saber por qué se habia reído.

Le dijo su mujer, "¡Si no me dices por qué te reíste es por que ya no me quieres!"

El hombre le negaba y se desculpaba, pero su mujer lo molestó tanto que hasta al fin, casi se vido obligado a decirle por qué se había reído.

Un perro que tenía él se puso muy triste de ver que tenía su amo que revelar el secreto a la mujer. En eso pasaba el gallo con sus gallinas muy contento y le dice el perro:

"¿Por qué estás tan contento? ¿Qué no sabes que va haber luto aquí poco presto?"

"¿Qué hay?" le pregunta el gallo.

"¿Qué no sabes tú que la mujer de nuestro amo le está molestando mucho porque le diga por qué se rió cuando se fueron a pasear a caballo, y el momento que él le diga, pues tiene que morir?"

"Pues si asina está la cosa, entonces mi amo no sirve," le responde el gallo. "¡Yo soy un hombre solo y tengo cuidado de quince gallinas, y lo que yo mando, eso se hace!"

El hombre estaba escuchando todo esto y se levantó y entró a la casa. Llegando a donde estaba su mujer se quitó los pantalones y le dijo:

"¡Quítate ese túnico y ponte mis pantalones!"

La mujer quedó confusa y no sabía qué decir, y le habló el hombre otra vez:

"Si tú quieres mandar en esta casa, yo me pongo tu túnico y tú mis pantalones, y si no, deja de molestar."

Al fin, reconoció su esposa que el hombre estaba bien, y vivieron contentos de allí en adelante.

and danced smartly, urging the mare to race, but the mare refused and kept her slow pace. Then the horse spoke to the mare:

"Why are you so slow? Why don't you hurry and keep up with me?"

"Why do you think?" the mare answered. "There are four of us, and only two of you!"

The man, who had overheard their conversation, thought the mare's answer was clever and he began to laugh. His wife thought it was strange for him to be laughing to himself.

"What are you laughing at?" she asked. "I don't see anything funny!"

The man couldn't tell her what the mare had said, so he grew quiet and serious. He realized that he could not reveal his secret even to his wife. And his wife, instead of forgetting the incident, kept after her husband to tell her why he had laughed. They checked the flocks and the herds and returned home, and still his wife kept insisting that he should tell her why he had laughed.

Finally his wife said, "If you don't tell me why you laughed I will know you don't love me anymore!"

The man grew very sad. Since he loved his wife very much and since she persisted in pestering him he decided he would have to tell her why he had laughed. The master's dog learned of this and grew very sad that his master would have to reveal his secret. He went out into the courtyard to grieve for his master. At that time the rooster and his hens happened to be strutting by.

"Why are you so happy?" the dog asked the cocky rooster. "Don't you know that we will soon be in mourning?"

"What's going on?" the rooster asked.

"Don't you know that the wife of our master has insisted that he tell her why he laughed when they were out riding, and the moment he tells her he will die!"

"If that's the case then maybe our master isn't as much of a man as I thought he was," the rooster answered. "Look at me, I'm in charge of fifteen chickens, and I know that the best way to rule the roost is to be firm. And what I say goes!"

The man, who had overheard all this, understood the lesson. He got up and went into the house, and when he found his wife he

removed his trousers and offered them to her.

"Here, take off that dress and put on these pants!"

The woman was quite confused and speechless.

"But I don't want to wear your pants," she finally answered. "You are the husband and I am the wife!"

"Well," he said, "if you want to rule the house and know all that's on my mind I will gladly wear your dress and you can wear my pants. But if you think I am a good husband, then trust me and allow me to have some privacy!"

And she saw that he was right, and they lived happily many years thereafter.

HABIA UNA MUJER MURREPOBRE que tenía un mucha-chito y vivía sola. Un día le dijo su hijo:
"Mamá, déjeme salir a trabajar."

El muchachito tenía diez años. Su madre se opuso a que saliera y no le permitía salir porque estaba muy chiquito. Sin embargo el muchacho insistía en que quería salir a trabajar para poderla mantener. Al fin, tanto la molestó, que un día le hizo el bastimento a su hijo valiente y le echó la bendición para que se marchara. El muchachito echó la carga a su burrito y se fue. El no sabía para dónde ganar, no más caminaba.

El muchacho
del burrito

A Boy and
His Donkey

ONCE THERE LIVED A VERY POOR WOMAN who lived
alone with her only child.

One day the son, who was only ten, decided to seek work.
"Mother," he said, "let me go out and look for work."

His mother would not permit him to go because he was too
young. But the boy insisted that he should go out and look for work
to help support her. He bothered her so much that one day she
finally relented. She prepared a packsack with provisions for her
brave young son, gave him her blessing, and sent him on his way.
The lad then loaded the provisions on his donkey and set out to look

Pero María Santísima, la devota del muchachito, y las oraciones de su madre le ayudaban. En el camino donde iba lo topó una mujer vestida de azul.

"¿Parónde caminas, niño?" preguntó la mujer que en realidad era María Santísima.

"Voy a buscar trabajo para poder mantener a mi mamá."

"Mucho cuidado porque hay muchos bellacos en el camino," le dijo, "y te pueden hacer mal."

"A mí no me pueden hacer nada porque no tengo qué me roben."

"Pues ya que vas tan decidido, toma estas tres manzanas. Cuando topes algún compañero que quiera pegarse a ti, parte una manzana y siempre partes una parte mas chiquita que la otra y le das que descoja el compañero. Si agarra la parte más grande, no lo almitas para compañero. Es mala gente. Pero el que agarre la parte más chiquita ese es buen compañero y no desconfíes de él."

Se fue el muchachito con sus tres manzanas. En la tarde se topó con un hombre que le preguntó si quería que fuera con él como compañero y el muchachito dijo que sí, que irían juntos. Cuando llegaron al paraje en la tarde, partió el muchachito una manzana y siempre dejó un pedacito más medianito que el otro. Le dio a que escogiera el compañero y este agarró el pedazo más grande. Luego pensó el muchachito que aquel era mal compañero. En la noche, cuando se acostaron a dormir, la intención del compañero era robarle el burrito. Aunque estaba muy cansado, el muchachito no durmió. Cuando sintió dormido al compañero, se levantó muy quedito, agarró su carguita y se fue a donde estaba su burrito, echó su carguita y pescó su camino.

Cuando el lépero recordó para llevarse el burrito, ya no encontró ni al muchachito ni al burro. El lépero se quedó pensando, ¿cómo había conocido sus intenciones el muchachito?

Más allá topó el muchachito otro lépero. Este le dice que si quiere que él vaya en su compañía, pues va para el mismo lugar. El muchachito le dice que bueno. En la tarde, donde llegaron, partió otra manzana y siempre partió una parte más chiquita que

for work. He didn't know which direction to take, so he wandered until he was far from home.

But the Virgin Mary, who was the boy's patron saint, and the prayers of his mother guided him. On the road he traveled he met a woman dressed in a blue robe.

"Where are you going, my son?" asked the woman, who was in truth the Blessed Virgin.

"I am looking for work to support my mother."

"You are a good son, but you must be very careful because there are many evil men on this road who may harm you," she warned him.

"They can't harm me," the boy answered, "because I have nothing they can steal."

The Virgin smiled. "Since you are determined to continue your journey, here, take these three apples. Whenever you meet someone who wants to travel with you, cut an apple in half, but always cut one half smaller than the other. Offer both halves to the person, and if he takes the bigger half then do not count that person as your friend. He is a bad person, and may harm you. But the person who takes the smaller half will be a good friend whom you can trust."

The boy tucked the three apples in his coat pocket and continued on his way. That evening he met a man who asked him if they could travel together as companions and the boy agreed. When they stopped to rest that evening the boy cut one of the apples in half, remembering to leave one half smaller than the other. He offered them to the man. The man reached for the bigger half.

This is not a good companion, the boy thought. And he was right because it was the intention of the man to steal the donkey once the boy was asleep.

That night, although he was very tired, the boy didn't sleep. When he was sure the man was asleep he got up very quietly, gathered his provisions and hurried to his donkey. He loaded his burro and fled.

When the thief got up to steal the burro he found both the boy and the donkey gone. The thief cursed his luck and wondered how the boy had known his intentions.

la otra. Le dio a descoger a su compañero y este agarró la parte más grande. Luego pensó que también aquel era mal compañero. Pues en la noche, cuando sintió dormido al compañero, se levantó el muchachito muy quedo y llevó su carguita a donde estaba su burrito persogado. Echó su carga y se fue otra vez en su camino. El lépero, cuando recordó, ya no halló al muchachito ni al burro tampoco. De allí se volvió, y el muchacho amaneció muy lejos.

Ese día se topó con un anciano, y le dice el anciano:

"¿Parónde vas, niño?"

"Voy para tal ciudad a buscar trabajo."

"Hay muchos bellacos en el camino. Te van a hacer algún mal."

"Yo no creo que a mí me hagan nada, porque mi madre y mi devota cuidan de mí."

"Bueno, hijo, pues yo también voy para ese rumbo. ¿Quieres que te acompañe?"

El muchachito admitió y se fueron juntos. En la tarde cuando llegaban al lugar donde habían de pasar la noche, el muchachito partió la última manzana que llevaba y partiendo una parte más chiquita que la otra, se las presentó al viejito para que escogiera. El viejo escogió la más chiquita.

Luego el muchachito pensó que aquél sí era buen compañero y que se iría junto con él hasta donde él quisiera. En la noche el muchachito cayó rendido de sueño, con la confianza de que tenía buen compañero, y no recordó hasta que el sol no estaba alto ya. Cuando recordó no halló al viejito con él y creyó que se había llevado su burrito.

El muchachito fue a buscar su burrito donde lo había dejado en la noche y halló al viejito que lo traiba pasteando donde había mejor zacate. De allí siguieron su camino juntos.

Later on his journey, the boy met another man. The man suggested to the boy that they could travel together since they were going in the same direction. The boy agreed. That evening he cut the second apple in half, again cutting one half smaller than the other. He offered them to the stranger and the man immediately took the biggest half. So the boy knew this was another sly man to beware of.

That night as soon as the man had fallen asleep the boy got up very quietly and carried his pack to where his burro was hobbled. He packed his provisions and was far away by the time the thief awakened to find himself alone with his evil intentions.

The very next day the boy met up with an old man.

"Where are you going, my son?" the old man asked.

"I am going to the city to look for work," the boy replied.

"There are many thieves on this road. They might harm you."

"They can't harm me," the boy answered, "because the prayers of my mother and the Blessed Virgin Mary protect me."

"Very good, my son," the old man nodded. "I am going in the same direction. Why don't we travel together?"

The boy agreed and they continued together. That evening when they had arrived at a campsite, the boy cut his last apple in half, again leaving one half smaller than the other. He offered them to the old man, and the old man took the smaller piece.

And so the boy knew that he had met a good companion with whom he could travel. That night he slept soundly, confident that he had met a good friend. When he awoke the sun was already high in the sky. He rubbed his eyes and looked around, but the old man was gone.

The boy leaped out of his bedroll and ran in search of his burro. But when he went down to the pasture he found them both. The old man had simply moved the burro to where there was better pasture. From that day on they traveled together and became good friends, and eventually the boy found work, and sent money to his mother.

E RAN UNOS MERCADERES que viajaban a otro país a vender sus productos. Caminaban muy tarde, ya obscuro, se les perdió un camello. Cuando hicieron campo, vieron que faltaba uno, pero no lo pudieron encontrar.

Al otro día salieron a buscar el camello y se encontraron con un hombre que iba en dirección opuesta y le preguntaron si no había visto un camello al lado del camino. El les dijo que no lo había visto pero que les podía dar razón de él.

"¿Llevaba carga el camello?" le preguntaron ellos.

"Sí. Iba cargado y llevaba trigo del lado izquierdo," les dijo

El camello que
se perdió

The Lost Camel

T HERE WERE ONCE SOME MERCHANTS from across the
ocean who traveled from place to place selling their wares.
Late one evening as they made their way up the Río
Grande they lost one of their camels. They discovered he was
missing when they stopped to make camp that night.

Early the next morning when they set out to look for him they
met a man coming along the road. They stopped and asked him if he
had seen a camel. The man told them that he had not seen the
camel, but he was sure he could tell them where the camel was to be
found.

él, "y en el lado derecho llevaba miel. El camello es tuerto y le falta un diente del medio también, pero no lo he visto."

"Pues, ¿cómo si no lo has visto das la razón tan cierta de él? Tú tendrás escondido a ese camello, y quieres robártelo."

"Pues no lo he visto."

¿Pues cómo sabes que llevaba trigo y miel?"

"Digo que llevaba trigo porque del lado izquierdo iba tirando granos de trigo, porque la carga estaría ya agujerado por los palos. Las hormiguitas estaban recogiendo los granos de trigo. Del lado derecho de la misma manera iba derramando miel y las moscas iban hechas montón por ese lado."

"Bien, ¿y cómo sabes que era tuerto?"

"Porque en la vereda que caminaba no más para el lado derecho tomaba bocados de zacate."

"¿Y cómo sabes que le faltaba un diente?"

"Porque en cada bocado que agarraba dejaba un mechoncito en medio y eso me indicaba que le faltaba un diente."

"Pues si así es" dijeron "tú eres un buen hombre y te damos albricias por la razón que nos has dado."

Fueron a buscar el camello y lo encontraron y le dieron gratificación al buen hombre que les dio tan buenas razones.

The merchants were puzzled by this, and began to question the man. "Was the camel carrying a load?" they asked.

"Yes," the man answered. "He was carrying bags of wheat on his left side and a large jug of honey on his right side. Furthermore, the camel is blind in one eye and he has a missing tooth. But like I said, I haven't seen him. I can only tell you where you can find him."

"But you have given a perfect description of our lost camel!" the surprised merchants exclaimed. "You probably have hidden our camel and intend to steal him!"

"I haven't seen him and I'm not a thief!" the man retorted. "But I have lived in this land a long time and there are some things I know!"

"Then tell us, how do you know he was carrying wheat and honey?" the merchants asked suspiciously.

"I know he was carrying wheat on his left side because grains had fallen along the left side of the path. The bag was probably cut by some branches. Ants were gathering the grains on the left side of the trail. I know he was carrying jars of honey because on the right side of the path flies were swarming where the honey had dripped."

"Fine, but how do you know he is blind in one eye?" the merchants asked.

"Because I noticed he had been grazing only on the right side of the path," the man answered.

"And how do you know he has a tooth missing?"

"Because where he had chewed the grass he left a clump in the middle of the bite. That told me he had a tooth missing."

"If the directions you give us are correct," the merchants said, "then we will reward you for the good news you have given us."

And so they went off to look for the camel, and they found him near the place where the man said he had seen the signs. They were very pleased to find their lost camel, and they rewarded the man who had been so clever.

ESTOS ERAN TRES HOMBRES POBRES. Dos de ellos
tenían bastante familia y el otro tenía un hijo que estaba
estudiando. Un día, pensando en su pobreza y en la
mucha familia que tenían, decidieron salir a buscar trabajo.
Determinaron irse, se aprevinieron y se fueron.

En el camino les salió un hombre anciano y les preguntó a
dónde iban. Ellos le respondieron que a buscar trabajo. Entonces
él les dice:

"Pues, ¿qué querían mejor cada uno, un talegón de dinero o
tres consejos?"

Los tres consejos

Words of Wisdom

ONCE THERE WERE THREE POOR MEN. Two of them had large families, but the third had only his wife and one son who was studying for the priesthood. One day they discussed the poverty of their small village and the job of feeding their families, and the three decided that it was best to leave their depleted farms and look for work in the city. So they prepared provisions and set out to look for work.

After they had traveled some distance they met an old man who asked them where they were going. They explained their situation and told him they were looking for work.

"Well," the old man said, "suppose I make you an offer. Which would you prefer to take: a bagful of money, or three wise pieces of advice that would serve you in life?"

"We'll take the money, of course!" two of the men said without any hesitation.

The man with the one son thought awhile and finally said, "I believe I will take the words of wisdom."

"Nosotros queremos un talegón de dinero," le dicen dos a la vez.

"Yo quiero tres consejos," dice entonces el que tenía un hijo.

Entonces les da un talegón de dinero a dos de ellos y al otro le dice:

"Bien, no dejes camino por vereda, es el primero. El segundo, no preguntes lo que no te importa. Y el tercero, no te partas con la primera nueva."

Les dice adiós el viejito y se va. Se quedan aquellos solos y dicen los que escogieron el dinero al que escogió los consejos:

"¡Oh, qué mal hiciste! ¿De qué te sirven los consejos?"

"Bien, pueda que a mí me sirvan mejor esos tres consejos que a ustedes un talegón de dinero. Bueno, adiós, y les voy a dar a ustedes el primer consejo: no vayan a dejar camino por vereda."

"¡Oh, qué sabes tú!" le dijeron.

De allí se fueron aquellos por vereda y él se fue por camino adelante. Los del dinero regresaron a sus casas, y en el camino los pescaron unos salteadores y los mataron.

El de los consejos se fue para adelante, caminó y caminó hasta que llegó a una ciudad.

Llegó a un lugar donde había una casa muy grande y llegó él a pedir posada, por que ya era muy tarde. Salió un hombre a recibirlo, muy caballero, y lo hizo que pasara y le dijo que lo esperara después de haber cenado. Lo llevó a un cuarto donde estaba su mujer y ahí vido que estaba muy flaca. No era más que el puro esqueleto. Le daban ganas de preguntar por qué estaba tan flaca la mujer, pero al mismo tiempo se acordaba del otro consejo que le había costado tanto dinero, y se contenía y no preguntaba.

Este hombre rico ocupaba a muchos hombres, y de una vez le ofreció trabajo al hombre. Los otros hombres siempre le preguntaban por qué tenía a su mujer como la tenía y los mataba o los corría. El tenía hecha una promesa de que quería ver si había una persona que no le preguntara por qué tenía a su mujer en tales condiciones.

Les decía a los peones que todos los hüesos, pedazos de tortilla

The old man gave the full sacks of money to the first two men, then he turned to the third and said:

"Don't leave the well-traveled road for the path. Don't ask about what does not concern you. And, don't jump to conclusions about what you hear and act too hastily."

Then he said goodbye to the three men and disappeared. Immediately the two who had chosen the money turned to the third man and exclaimed, "Oh, what a foolish thing you've done! What good is that advice going to do you?"

The man smiled. He knew the advice of the old ones was not to be taken lightly. "It may be that the three rules will serve me better than the gold will serve you. And I will gladly part with my wealth, so I am going to give you free the first piece of advice: As you return home, *don't leave the well-traveled road for the path.*"

"Bah! What do you know!" they answered and went off laughing. And to get home sooner they decided to take a path through the forest instead of the road. On the trail they were assaulted by thieves who killed them and took their gold.

The man who had been given the advice continued his journey until he came upon a very large ranch house where he asked for lodging for the night. The gentleman of the house invited him in and gave him supper. After supper, the master of the house took the man to meet his wife. She was very frail and thin, a mere skeleton. The man felt like asking why she was so thin, but at the same time he remembered the second proverb for guiding his life, so he remained quiet. The man then asked for work and was given a job.

Now it so happened that his host was a rich man who owned much land and had many servants, and in all his years he had never met a man who minded his own business. When anyone saw his wife they invariably asked why she was so thin and then he would become angry and run them off. If his rage was aroused enough he would have them killed. He had purposefully instructed his servants to feed her only leftover food, bones and pieces of dry tortillas, and that is why his poor wife was so thin. He had made a solemn vow not to better her condition until he met a person who would not ask why he kept his wife in such a state. On the other hand, if he met such a person, that person would acquire all of his

o pan, comida sobrante, se los tiraran a su mujer. El había dicho que hasta el día que hubiera una persona que no le preguntara por qué tenía a su mujer asina, no mejoraría la condición de su mujer, y que aquella persona sería dueña de lo que él tenía. Pues, aquel hombre último que halló trabajo siguió en su trabajo y no le preguntaba por nada. Un día dice el patrón al trabajador:

"¿Por qué tú no me preguntas por qué tengo a mi mujer asina?"

"Señor, porque a mí no me gusta preguntar lo que no me importa."

"Bien, ahora tú serás dueño de todos mis caudales, de todo lo que yo tengo. Hasta hoy no más tendré a mi mujer asina."

A aquel hombre le dio mucho gusto. El rico le entregó lo que tenía allí y se fue para otra ciudad. El dueño nuevo después de recibir su propiedad determinó ir por su familia. Se apreviene, echa su pistola en la bolsa y se marcha.

Cuando llegó a su casa, se asomó por la ventana y alcanzó a ver su esposa que en el momento abrazaba a un padre. El se sintió enojado y quería matar a su esposa pero se acordó del tercer consejo y se apaciguó. Entonces oyó lo que hablaban la mujer y el sacerdote y supo que este era su propio hijo.

Entró y se reconocieron, lloraron de alegría y con la fortuna que el rico le había dado, pasaron felices sus últimos días.

> *¡Y entre por un cesto*
> *y salga por otro;*
> *el que me oyó este cuento*
> *que me cuente otro!*

wealth.

Now, the master thought, this last man I hired has not stuck his nose in my business; I will ask him why.

"Señor," he said to the worker, "why haven't you asked me why I keep my wife as I do?"

"Sir," the man replied, "a husband and a wife's business is their own, and I do not ask about what does not concern me."

"Well spoken," the master answered. "At last I have found a man who doesn't meddle in the lives of others. From this day forward you shall be the owner of everything I have, and I will ask my wife's forgiveness and treat her well."

The rich man gave the worker everything he had and then he and his wife left for another city. The man, now that he was the new owner of a vast ranch, decided to go fetch his family. He made preparations, packed his pistol and hurried home.

Now, he had been gone a long time, so when he arrived he decided to surprise his wife. He went to the window and peeked in and what he saw made his blood boil! A young priest had just embraced his wife! He immediately thought of killing his wife and reached for his pistol, but then he remembered the third piece of advice and calmed himself. He listened closely and heard his wife speak to the young priest, and then he recognized this man as his son.

The third maxim had served him well. He entered the house and greeted his family and they cried with joy. And the fortune which the rich man had left them was more than enough for the husband and wife to live well the rest of their lives.

So now you've heard my story
Of do's and of don'ts
And men who mistreat wives,
If you don't like my cuento
Tell your own to make us wise!

HACIA MUCHOS AÑOS desde que el Arzobispo Zubiría de Durango había cruzado la endemoniada Jornada del Muerto para visitar a sus feligreses en la parte más lejana de su pastoría, la Nueva México. Ahora, la gente estaba muy contenta que su Señoría, el nuevo obispo francés, iba a venir para hacer las confirmaciones de los niños. El párroco les decía a todos que se prepararan porque iba a venir el obispo de la nueva Arquidiócesis de Santa Fe.

La mayoría de la gente nunca habían visto a un obispo, pero tenían mucho gusto que viniera para conocerlo. Muchos se

El obispo

The New Bishop

I T HAD BEEN MANY YEARS since Archbishop Zubiría of
Durango had crossed the Jornada del Muerto to visit his flock
in the farthest part of his diocese in New Mexico. Thus people
in a small and isolated village were very happy that his Excellency,
the new bishop of Santa Fe, was coming to administer the
sacrament of Confirmation to their children. A big feast was
planned, and the local parish priest went about telling everyone to
prepare for the visit of this very important church dignitary.

The people had never seen the bishop, so they were overjoyed to
have the opportunity to meet him. The day the bishop arrived the

hallaban confusos porque si venía, ellos no sabían cómo platicar con él, cómo presentarse, ni cómo nombrarle. El día que llegó a San Juan, ya el padre le tenía listo un cuarto para visitar con la gente, antes de las confirmaciones.

Empezaron a entrar los hombres a visitarlo y nadien sabía cómo hablarle.

Unos le decían, "¿Cómo le va, San Joaquín?" Otros le decían, "¿Cómo le va, San Antonio?"

Y una señora que se excitó mucho le dijo, "¿Cómo le va, María Santísima?"

En fin entró un hombre que le dijo, "¿Cómo le va, su Señoría?"

Cuando éste le mentó "su Señoría," el obispo creyó que había encontrado con quien podía platicar en castellano castizo. Lo apartó al hombre y el señor obispo le comenzó a decir que la gente estaba muy atrasada aquí y que ni sabían cómo tratarlo.

El hombre le respondió, "Sí, esta gente está demasiado atrasada. ¿Cómo es posible que le digan María Santísima, viendo que aquella era hembra y usted es macho?"

priest took him to the sacristy where he could meet the people before he administered Confirmation to the children. But the people, in their excitement, forgot how to greet him.

The men came in first, but none remembered how to address the bishop, and in their awe of him they made many mistakes.

One bowed and said, "How do you do, your holiness San Joaquín."

Others greeted him by saying, "How do you do, most holy Saint Anthony."

And one woman was so flabbergasted she said, "How do you do, oh blessed Virgin Mary."

Finally one man entered and said, "How do you do, your Excellency."

When this man greeted him correctly the shocked bishop was pleased he had finally met someone who could speak good Castillian Spanish. He took the man aside and whispered confidently, "Isn't it a shame that these people are so backward and ignorant that they don't even know how to greet me?"

The man replied sarcastically, "Yes, my *paisanos* are a humble people. Who else would address Your Excellency as a saint or as the Virgin Mary, when it's plain to see you're neither a saint nor a virgin!"

HABIA UN HOMBRE Y UNA MUJER que tenían tres hijos. El mayor, cuando ya tenía la edad, pidió la venia para ir a trabajar. Sus padres le dieron su bendición y lo suplieron de bastimento y agua para su viaje.

En el camino donde iba, se encontró con una mujer que le preguntó para dónde caminaba. El le dijo que iba en busca de trabajo. La mujer le pidió agua pero el muchacho rehusó darle, diciéndole que no tenía. Entonces ella le dijo:

"Bueno, pues ve a tal ciudad donde hay tal hombre que te pueda comprender. Es mi hijo."

96

Los tres hermanos

The Three Brothers

ONCE UPON A TIME there lived an old couple who had three sons. When the eldest came of age, he asked his parents for permission to go where he could make his livelihood. His parents ageed and gave him their benediction and supplied him with provisions for his trip.

"May God bless you and keep you away from all evil," they said. "Be kind to old people and remember your parents."

So the young man set out on his journey. On the road he met a woman who asked him where he was going. He told her he was looking for work.

"You are a good son," she said. Then, as the day was very hot, she asked him for water, but he lied to her and told her he had no water.

"Very well," she said, "follow this road to the next city. There you will find a man who can help you. He is my son."

So he followed the road until he came to a simple but pleasing city. He knocked at the door where the woman had directed him and was received by the woman's son. The youth explained that he was looking for work.

"Very well," said the man, "in order to begin your work, go and catch that donkey and saddle him. I want you to deliver a letter to my mother. Take my dog with you. Wherever he stops you will know it is safe and you can rest there. But if he doesn't want to stop you should not stop there either."

Siguió su camino hasta llegar a la ciudad. Al llamar a la puerta salió el hombre y el joven le dice que quiere trabajo.

"Bueno," le dice, "para que comiences tu trabajo, anda a traer aquel asnito y lo ensillas. Quiero que lleves esta carta a mi madre. Llévate este perrito; donde llegue este perrito, llegas tú, pero donde no quiera llegar el perrito, no llegues tú."

Montó en el asnito y se fue. Se encontró una ciudad muy hermosa donde había toda clase de alegría. Cantaban, bailaban, tocaban y jugaban en la ciudad. El joven quería llegar por lo divertido de la ciudad pero el perrito no llegó. Siguió su camino hasta llegar a un río de sangre. Le dio mucho miedo al joven y no quiso pasar el río. De allí se volvió y le entregó la carta a su amo diciéndole:

"No hice el mandado. Me encontré con un río de sangre y temí pasarlo."

"Bien," le dice, "pues ahora, ¿qué quieres mejor, un 'Dios te lo pague' o un talegón de dinero?"

"Un talegón de dinero," le dice.

Se fue para la ciudad bonita a gustar y a triunfar de todas las delicias que la ciudad prometía, sin acordarse de sus padres ni socorrerlos con nada.

*   *   *

El hermano segundo también les dijo a sus padres que le dieran la bendición para ir a buscar trabajo. Los pobres ancianos le dijeron:

"No vaya a pasar la de tu hermano, que tuvo buena suerte y no nos ha socorrido ni con cinco centavos."

El les dijo que no haría asina, y salió con la bendición de sus padres. Se encontró con la misma mujer que encontró el mayor. Como al hermano mayor, le dijo ella dónde podía hallar trabajo.

Llegó a la ciudad y llamó a la puerta. Salió el hombre a recibirlo y le dio trabajo.

"Bueno, anda trae aquel asnito para que comiences a trabajar," le dijo dándole la carta. "Lleva este perrito y en donde

So the boy mounted the donkey and started out. On the road he came upon a magnificent and dazzling city where there was every kind of entertainment. Everyone was singing and dancing or playing musical instruments. The youth wanted to stop awhile and join the wild entertainment of that tempting city, but the dog wouldn't stop there. They continued until they came to a river of blood. This strange sight filled the youth with dread and he would not cross the river. He returned and gave the letter back to the man.

"I didn't finish the errand," he explained. "I came upon a river of blood and I was afraid to cross it."

"Very well, I will pay you for your trouble anyway," the man answered. "What do you want as a reward for trying? A simple thanks which says, 'God repay your kindness,' or a bagful of money?"

"I'll take the money," replied the youth.

And as soon as he was paid he went straight to the beguiling city to indulge in its delights. He forgot all about his parents and never once thought of sharing his money with them.

*   *   *

In time the second son was eager to be on his own so he asked his parents for their blessing so that he might go out and make his way in life.

The old couple replied, "But what if what happened to your brother happens to you? He evidently had good luck, but he has forgotten us and never sent us a nickel."

He assured them he wouldn't forget them, so they blessed him and he went forth. He met the same gracious woman his brother had met on the road and, like his brother, he didn't share his water or food with her. Nevertheless she told him where he could find work. And so, like his brother before him, he arrived at the city and called at the door. The man came out, greeted him and offered him the same errand.

"Take the donkey and go deliver this letter," he said. "Take my small dog with you and wherever he stops you can rest, but if he doesn't stop you should not stop."

este perrito llegue, llegas tú. Donde este perrito no llegue, no llegues tú."

Siguió en su marcha y como su hermano, cuando llegó al río de sangre, no quiso pasarlo. De allí se volvió. Llegó a la casa de su amo y le dijo que no llevó la carta porque se había encontrado con un río de sangre y le dio miedo pasarlo.

"Bien, ahora ¿qué quieres mejor, un 'Dios te lo pague' o un talegón de dinero?"

"Un talegón de dinero," le respondió."

De allí se fue a la ciudad bonita donde cantaban, bailaban y jugaban y no se acordó de sus padres.

*   *   *

Después, el menor insistía por la bendición de sus padres para ir en busca de trabajo, y ellos llorando no lo dejaban ir, porque podía pasarle como a sus hermanos. El les rogó tanto hasta que al fin le dieron su bendición, proveyéndole de agua y pan.

Se marchó en su camino y se encontró con la misma mujer, la cual le preguntó para dónde caminaba. El le dice que va en busca de trabajo.

"Pues en tal ciudad puedes encontrar trabajo con mi hijo. ¿Traes pan o agua?"

"Sí, señora."

Sacó su bastimento, su cantina de agua y la invitó a comer. Después de haber comido le dice:

"Tómese lo restante, señora."

"No," le dice, "tú tienes largo camino que andar."

"Pero soy hombre y puedo aguantar y usted es mujer y necesita este bastimento."

Por fin la mujer tomó el bastimento y el agua y se despidieron.

A poco que caminó, el joven descubrió que traiba su bastimento y agua otra vez. Y dice:

"¿Qué pasa? ¡Esta mujer es una bruja!"

Siguió su camino hasta llegar a la casa que la mujer le había

The second young man continued his journey, and like his brother before him he saw the city of many pleasures, and he too arrived at the river of blood, but wouldn't cross it. He returned to the house of the man and told him he had not delivered the letter because he had come to a river of blood which frightened him.

"Very well," the man replied, "now what do you want as your reward? A 'God repay your kindness' or a bagful of money?"

"The bagful of money," the second brother quickly replied, and from there he went immediately to the beautiful city where everyone sang, danced and played, and he forgot all about his parents.

*   *   *

Soon after, the youngest son asked for his parents' benediction so he could go out and look for work. But they cried and refused to allow him to go because they were afraid he might end up like his brothers. He pleaded with them until at last they gave him their blessing and their meager supply of bread and water for his journey.

The next day as he walked down the road he met the same woman, and she asked him where he was going. He told her he was looking for work in order to help his parents.

"In the city up the road you can work for my son," she said. Then she added, "I am hungry. Do you have bread or water?"

"Yes," he answered and he shared with her his loaf of bread and water. After eating he said to her, "Take what is left, *señora*."

"No," she replied, "I cannot. You have a long way to walk yet."

"But I am a man and my parents taught me to share what I have with those who are in need. You are a woman and need the food."

The woman thanked him, took the food and the water and disappeared. The boy had walked only a short distance when he felt his pack grow heavy. He checked it and to his surprise it was replenished with food and water. He was mystified at what had happened, and he wondered if the woman was a witch or a saint.

He continued until he came to the city where he found the house the woman had described. He knocked at the door and a man came out and asked him what he wanted.

mentado y llamó a la puerta. Salió el hombre de la casa y le preguntó qué quería. El joven dijo que buscaba trabajo.

"Bueno, curre trae aquel asnito para que comiences tu jornada y llevas este perrito; donde este perrito llegue, llegas tú y donde este perrito no llegue, no llegues tú."

Siguió su camino y llegó a una ciudad muy hermosa y alegre, en donde cantaban, tocaban, bailaban y se reían. Pero como el perrito no llegaba, no llego él. Llegó a un río de sangre y se paró por unos momentos, no hallaba qué hacer pero se acordó de la bendición de sus padres y dijo:

"Con la bendición de mi padre y mi madre venceré todo obstáculo que se me ponga en el camino."

Siguió hasta que se lanzó al río. Pasó al otro lado y dijo:

"Si Dios me presta vida y salud para volver de este viaje, yo le pregunto a mi amo qué contiene esto."

Siguiendo su camino se encontró con un río de espadas y dijo:

"Aquí sí tengo peligro, pero con la bendición de mi padre y mi madre me libraré de todo peligro."

Se lanzó adentro del río y pasó al otro lado y dijo:

"Si Dios me presta vida y salud, yo le pregunto a mi amo qué contiene esto."

Siguiendo su camino se encontró con unos cerros peleándose, que por donde quiera se rodaban los peñascos. Como ya había pasado en salvo todos los peligros anteriores, siguió al perro con su asnito, colocándose entre los peñascos, hasta pasar al otro lado.

Más adelante se encontró con un hatajo de borregas muy gordas en un llano muy rapado que no tenía ni una hebra de zacate. Miró a alguna distancia y vido mucho zacate. Se apeó del asnito y arreaba las ovejas para donde había mucho zacate, pero ellas se arrendaron a donde estaban antes. En esto se le perdió el perrito y se puso muy acongojado. Por causa de andar arreando las borregas a donde había mejor pasto había perdido su perrito. Ahora se quedó sin saber para dónde caminar. Se recostó debajo de un árbol y dijo:

"Si mi perrito no viene, yo no me voy de aquí."

"I am looking for work," the boy replied.

"Very well," the man said, "I have an errand for you to do: Deliver a letter to my mother. Go catch that donkey so you can begin your journey, and take my little dog with you. He is a good companion. Wherever he stops you can stop to rest, but if he doesn't stop then you must continue."

The boy followed the road until he arrived at the beautiful and gay city where everyone sang, played, danced and laughed. He was tempted to stop and look for his two lost brothers, but the little dog wouldn't stop so he went on. Soon he arrived at the river of blood and he stopped; for a few minutes he didn't know what to do, then he remembered his parents' blessing.

"With the blessing of my father and mother I can overcome every obstacle in my way," he said, and with the little dog at his side he waded into the river and crossed safely to the other side.

"If God grants me life and health I will ask my master the meaning of this," he said to himself.

He continued his journey and came next to a river of swords.

"Ay, this is truly a dangerous place!" he whispered as he saw the sharp swords which filled the river. "But I have the blessing of my parents and that will keep me safe from all danger."

He jumped into the river, and with the little dog and the donkey at his side, he crossed safely. Once on the other side he marveled at the strange meaning of the river of swords.

"If God grants me life and health," he said, "I am going to ask my master the meaning of this obstacle."

Next he came to a place in the road blocked by two huge mountains which appeared to be fighting each other. The earth shook with their groans and huge boulders fell everywhere. As he had safely passed the treacherous rivers, so now he followed the little dog with his donkey, and they worked their way through the narrow canyon and the falling rocks until they were safely on the other side.

Up ahead he came upon a flock of very fat sheep grazing on a plain so desolate there wasn't a blade of grass on it. Yet in the distance there was a very green meadow, so the boy got down from his donkey and tried to drive the flock towards the grass. But the fat

Llegó el perrito y saltó de gusto al verlo otra vez. Siguió su marcha y se encontró con otro hatajo de borregas muy flacas y en un zacatal que las tapaba. Allí dijo:

"¿Cómo es esto que aquellas ovejas están tan gordas en un lugar tan rapado, y estas tan flacas en este pastal? Si Dios me presta vida y salud para volver de este viaje, yo le pregunto a mi amo qué contiene todo esto."

A lo lejos alcanzó a mirar otra ciudad muy hermosa. El deseaba que aquélla fuera donde iba a entregar la carta. Siguió a su perrito por entre la ciudad hasta que llegó a la puerta de una cierta casa. Llamó a la puerta y salió una señora. Pensó que era la misma mujer que había encontrado antes, pero no le dijo nada. Le entregó la carta y ella la recibió muy contenta. Después de darle de comer, le puso donde se recostara. Se quedó dormido y cuando la señora lo despertó le dijo:

"Levántate, ya hace mucho que estás durmiendo."

"No, señora" le dice, "apenas ahora me voy recostando."

"No, ya hace cien años que estás durmiendo."

Al decirle cien años, se levantó asustado. Se miró en el espejo y se vido muy barbón. Soltó el llanto y dijo a la señora:

"Despácheme pronto, que ya mis padres estarán muertos."

"No tengas cuidado de tus padres. Están tan flamantitos como tú los dejaste."

Pero él no la creiba, y lo despachó para la casa de su amo. En su regreso, no encontró ninguno de los obstáculos que había encontrado de allá para acá, sino que fue por un camino derecho a la casa de su amo. El amo lo recibió con mucho gusto y le preguntó si había hecho el trabajo. El joven dijo que sí.

"Ahora, ¿qué quieres mejor, un 'Dios te lo pague' o un talegón de dinero?"

"Un 'Dios te lo pague'."

"Pues pide merced," le dice.

*   *   *

"Antes de pedirle merced, le voy a hacer unas preguntas: ¿Qué

sheep wouldn't move towards the meadow and stayed in the dry desert. While trying to drive the sheep he lost the dog and he became very worried. It was strange, he thought, but the dog had not helped him while he had tried to drive the sheep to better pasture. Without his trusty dog he wouldn't know where to go, so he sat beneath a tree and said to himself, "I won't leave until my dog comes back."

Suddenly the little dog appeared and the boy was overjoyed to see him again. Together they continued their journey and it wasn't long before they came upon a flock of thin sheep grazing on grass so high it almost covered them.

"How can it be that the fat sheep are in a place so dry and desolate and these thin sheep are in such a beautiful meadow?" the boy wondered. "If God grants me life and health to return from this strange journey I will ask my master the meaning of this."

In the distance he caught sight of a marvelous city. He hoped it was the place where he was to deliver the letter so he hurried forward. He followed his little dog through the city until they came to the door of a certain house. The boy knocked at the door and a woman appeared. The boy thought she was the same woman he had met on the road and with whom he had shared his food, but he didn't say anything. He handed her the letter and she received it with a smile. Then she invited him in and fed him and gave him a place where he could rest. He felt happy and content that he had completed his errand, and he quickly fell asleep. He did not awaken until the woman called him softly.

"Wake up, my son, you have been asleep a long time."

"No, *señora*," he said when he opened his eyes, "I just now fell asleep."

"No, you have been asleep for a hundred years," she said.

The way she said it made him jump up and run to the mirror. He saw that he was older and bearded. He grew very sad.

"Let me go quickly, my parents may already be dead!"

"Don't worry about your parents," she consoled him. "They are just as you left them."

But he did not yet believe her, so she sent him back to his master's home. On the return journey he didn't encounter any of the

ciudad era la primera que me encontré cuando yo salí de aquí, muy hermosa, donde cantaban, bailaban y se reían?"

"Es el infierno."

"Más allá me encontré un río de sangre. ¿Qué río era éste?"

"Es la sangre que derramó Jesucristo por los pecadores."

"Más allá me encontré un río de espadas. ¿Qué río era éste?"

"Son las espadas que hirieron al Señor."

"Más allá me encontré unas sierras peleándose. ¿Qué contiene esto?"

"Son dos compadres de pila que se están peleando."

"Me encontré unas borregas muy gordas en un llano muy rapado. ¿Qué contiene esto?"

"Son los pobres del mundo que saben que hay Dios y creen en Dios."

"Más adelante me encontré unas borregas muy flacas en un zacatal. ¿Qué contiene esto?"

"Son los ricos del mundo que no creen que hay Dios ni creen en Dios."

"La ciudad donde fui a llevar la carta, ¿qué ciudad es?"

"Es la gloria."

"Pues la señora que estaba en la casa, ¿quién es?"

"Es mi madre."

"Pues usted, ¿quién es?"

"Yo soy Jesús, el que padeció por los pecadores. ¿Has oído decir que le abrieron el costado con una espada?"

"Sí, me han dicho mis padres."

El Señor levantó el brazo y le enseñó la herida.

"Pues ahora la merced que le pido es que a mi padre, a mi madre y a mí, junto con mis hermanos, nos lleve a la ciudad donde fui a llevar la carta."

"A tus padres y a ti se les concederá ir a esa ciudad, pero no a tus hermanos."

"¿Por qué señor?" le dice.

"Por malos hijos. Merecen estar allí en los peroles de fuego por toda la eternidad."

previous obstacles; instead, the road was straight to his master's house. The master received him warmly and asked him if he had done his work. The boy replied that he had.

"Now," the master said, "what do you want as your reward, a 'God bless you for your kindness,' or a bagful of money?"

"God's blessing is more valuable than money," the boy answered.

"Then you may ask for a favor," the man nodded.

*   *   *

"Before I ask my favor I would like to ask you some questions," the boy said. "What was the first city I came to when I left here? It was very beautiful and everyone was singing, dancing and laughing wildly."

"That is hell," his master answered.

"Farther on I came to a river of blood. What river was that?"

"That is the river of blood which Jesus shed for all sinners."

"Later I came to a river of swords. What river was that?"

"Those are the swords which wounded our Lord."

"Later I came upon two mountains which seemed to do battle with each other. What did that mean?"

"Those are two angry *compadres* who fight with each other instead of living in peace."

"Then I met a flock of fat sheep on a desolate plain. What did that strange sight mean?"

"Those are the poor people of the world who know there is a God and believe in Him."

"Up ahead I met a flock of thin sheep, and they were grazing in a beautiful meadow. What does this mean?"

"Those are the rich of the world who don't think there is a God nor believe in Him."

"And the city where I delivered the letter, what city is that?"

"That is heaven."

"And the woman who was in the house, who is she?"

"That is my mother."

"And you, master, you must be —"

"I am Jesus, the one who suffered for all sinners. Have you heard that the soldiers opened my side with a sword when I was on the cross?"

"Yes, my parents have told me the story."

Then the Lord lifted His arm and showed the boy the wound, and the boy understood all of the strange events which had occurred during his journey. He then made this request:

"The only favor I have to ask is that you take my parents and me, together with my two brothers, to the city where I delivered the letter."

"You and your parents will go to heaven, but not your brothers."

"But why, Lord?" the boy asked.

"Because they were bad sons, and did not take care of their parents, they deserve to spend eternity in the fires of hell."

CUANDO LAS MONTAÑAS SANGRE DE CRISTO se llenaban de nieve y sus vientos altos llegaban al valle helando el río de Santa Fe, los hombres cargaban sus burros de leña para salir a vender.

Un día que pasaban unos hombres vendiendo leña por la plaza, se despaciaron cerca de la casa de un señor que les compraba leña regularmente. La dueña de la casa, que no estaba, tenía un perico que hablaba muy bien español.

Este perico estaba acostumbrado otras veces a ver que compraban leña, cuando vido ir por la calle cuatro o cinco burros

El perico que compró leña

The Parrot Who Bought Firewood

WHEN THE FIRST SNOW powdered the Sangre de Cristo Mountains and the cold winds whistled through the valley and froze the Santa Fe River, the men who sold firewood would load their burros with wood and go through the streets of Santa Fe selling wood.

One day two wood vendors passed by the plaza and stopped near the house of a man who bought from them regularly. Now it so happened that no one was home, but the woman of the house had a parrot who spoke many words in Spanish.

The parrot had seen and heard his master buy firewood many

con leña. Les chifló y les habló a los vendedores de leña y les preguntó que si vendían la leña.

Los hombres no se dieron cuenta si era una persona la que les preguntaba o si era un animal. Pero como ya les habían vendido a esos mismos señores antes, descargaron sus burros en el mismo lugar donde antes dejaban la leña. Cuando fueron a cobrarles a los señores de la casa, no les respondió nadie, por donde se vieron obligados a aguardarse hasta la tarde cuando viniera la familia de paseo.

Llegando los dos de la casa de un paseo por la Villa Real, vieron la leña tirada allí, pero nadie sabía por qué habían traído leña. Pronto se presentó el leñero haciéndoles el cobro por la leña y reportando que alguna persona de la casa le había mandado que le descargara la leña allí.

Entonces la señora se acordó que había dejado el perico afuera de la jaula y entonces malició que tal vez el perico era el que le había mandado que descargaran la leña. Pronto fue la mujer, pagó por la leña y luego llamó al perico y lo estuvo castigando; por donde el perico se enojó y fue a dar al soterrano.

A este mismo tiempo llegó el hombre de la plaza con la carne que había comprado. Un gato que tenían en la casa vino y se robó una parte de la carne, por donde tuvo la mujer que castigar el gato y fue a dar el gato al soterrano también.

Viendo el perico que también el gato venía cateado y huyendo al soterrano, le preguntó el perico, "¿Qué también tú comprates leña?"

times before, so when the vendors called, *"Leña, leña para vender!"* the parrot whistled and answered, *"Si, compro leña!"*—Yes, I'll buy some firewood!

The vendors thought it was the master of the house who had shouted out that he wanted firewood, so they unloaded their burros at the woodpile. But when they went to collect for the wood no one answered the door, so they decided to return that afternoon for their pay.

When the master of the house and his wife returned from their visitations around the Royal City they saw the fresh wood. Shortly thereafter the woodsmen came for their pay.

"But I didn't buy firewood," the master of the house said.

"Someone shouted from the house that you needed wood," the vendors insisted.

Then the woman remembered that she had left the parrot out of his cage, and she suspected that he had been the one who had bought the wood. So they paid for the firewood, and the woman scolded the parrot who then sulked off down to the cellar.

Meanwhile, the cat climbed up on the table and took a piece of the meat the man had bought in town. When the woman saw what the cat had done she turned to punish him and threw him into the cellar.

When the parrot saw the cat tossed into the cellar for his misdeed, he chuckled and said, "What happened? Did you buy firewood too?"

ESTE ERA UN HOMBRE que no tenía más familia que su esposa y un hijito de cinco años. El hombre también tenía a su cargo a su padre anciano a quien lo asistían en la casa. Más como la nuera no quería a su suegro, mandó apartar al anciano, retirándolo de la casa donde vivían ellos. Allá le mandaban de comer algunos días y otros días no. En tiempos fríos no cuidaban de él y el pobre viejito sufría mucho. Un día se arrimó su nietecito a donde él estaba y le dijo el anciano:

"Hijito, búscame una garra por ahí para cobijarme. Me estoy helando de frío."

El muchacho
y el abuelito

The Boy and His
Grandfather

I N THE OLD DAYS IT WAS NOT UNUSUAL to find several generations living together in one home. Usually, everyone lived in peace and harmony, but this situation caused problems for one man whose household included, besides his wife and small son, his elderly father.

It so happened that the daughter-in-law took a dislike to the old man. He was always in the way, she said, and she insisted he be removed to a small room apart from the house.

Because the old man was out of sight, he was often neglected. Sometimes he even went hungry. They took poor care of him, and

El muchachito fue corriendo a la despensa a buscar una garra y halló un pedazo de jerga. Le llevó el pedazo de jerga a su padre y le dice:

"Córteme esta jerga por la mitad."

"¿Para qué? ¿Qué vas a hacer con ese pedazo?"

"Voy a llevárselo a mi abuelito, porque tiene frío."

"Pues llévasela entera."

"No," le dijo, "no la llevo toda. Quiero que me la corte en la mitad porque quiero guardar el otro pedazo para cuando usted esté como mi abuelito. Entonces se la llevo a usted para que se cobije."

Aquella respuesta del muchachito fue suficiente para que el hombre reconociera la ingratitud que estaba haciendo con su padre. El hombre trujo a su padre anciano a su casa e hizo que le prepararan un cuarto y le dieran asistencia adecuada a sus necesidades. De ese tiempo en adelante él mismo cuidaba de su padre en la tarde y en la mañana.

in winter the old man often suffered from the cold. One day the little grandson visited his grandfather.

"My little one," the grandfather said, "go and find a blanket and cover me. It is cold and I am freezing."

The small boy ran to the barn to look for a blanket, and there he found a rug.

"Father, please cut this rug in half," he asked his father.

"Why? What are you going to do with it?"

"I'm going to take it to my grandfather because he is cold."

"Well, take the entire rug," replied his father.

"No," his son answered, "I cannot take it all. I want you to cut it in half so I can save the other half for you when you are as old as my grandfather. Then I will have it for you so you will not be cold."

His son's response was enough to make the man realize how poorly he had treated his own father. The man then brought his father back into his home and ordered that a warm room be prepared. From that time on he took care of his father's needs and visited him frequently every day.

HABIA UN INDIO DEL PUEBLO muy devoto que no faltaba a misa nunca. Y un domingo en el sermón que les echó el padre, les dijo:

"Hagan caridades, hijos. Den limosna. Miren que para que Dios les ayude, es menester que ustedes también le den a la iglesia, porque han de saber que el que le hace una donación a Dios, Dios le devuelve ciento por uno."

El indito, que estaba escuchando, de una vez intentó traerle al padre una vaquita que tenía. En la tarde le trujo la vaquita y le dijo, "Tata padre, aquí te traigo esta vaquita para que Dios me de cien por una vaquita."

"Sí, sí, hijo. Ten fe en que Dios te va a recompensar esta limosna."

El indito se volvió a su casa muy satisfecho y empezó a hacer un corral grande para cuando le vinieran las cien vacas. Acabó su corral y se puso a esperar las vacas. El miraba para todos rumbos a ver por donde venían y viendo que no venían, ya se puso en camino a buscarlas. Pensó, "Quizás las vacas no venir solas.

El indito de las cien vacas

The Indian and the Hundred Cows

I N A SMALL PUEBLO THERE ONCE LIVED AN INDIAN who was so devoted to the church he never missed mass on Sunday. One Sunday, during his homily, the priest said:

"Have charity, my children. Give alms to the poor. If you expect God's help it is necessary that you also help the church. You know that when you make a donation to God, He returns it a hundredfold."

The Indian, who was listening carefully, decided to give a cow that he had to the priest. That afternoon he brought his cow to the church and told the priest, "Padre, I have brought you my cow so that God will give me a hundred cows."

"Yes, yes, my son," the priest answered. "Have faith in God and he will repay your gift." Then the priest took the cow and added it to his own herd.

The Indian returned home very satisfied and he began to build a large corral where he could keep his hundred cows when they arrived. When he finished his corral he sat down to wait for the cows. He waited some time and then thought, "Perhaps the cows don't come on their own, maybe I should go for them." So he set out

Quizás yo ir por ellas." Pues el primer hatajo de vacas que encontró lo arreó para su corral y lo encerró y atrincó bien la puerta.

Más tarde cayeron los que cuidaban las vacas y eran de tata padre las vacas y le dijeron al indio:

"¿Por qué tienes estas vacas encerradas? ¿Qué te hicieron daño?"

"No, no me hicieron daño, pero yo le di a tata padre mi vaquita y él me prometió que Dios me daría cien, y estas son."

"Estas son del padre y no tuyas," le decían los vaqueros.

"No son. Estas son mías porque él me prometió darme el ciento por uno."

Los vaqueros se fueron a avisarle al padre. Luego el padre se enojó, montó en su mula y se fueron los tres junto. Cuando llegaron al corral de las vacas, ya el indito estaba allí en la puerta con su arco y su carcaje.

"Pero, indio grosero, ¿por qué tienes mis vacas encerradas aquí?"

"Porque estas son mías, tata padre."

"¿Quién te las dio?"

"Tú me las distes. Tú decir allá en misa que el que te diera una vaca, tú le dabas cien."

"Pero indio embustero, tú eres un ladrón y estas vacas voy a echarlas." El padre se apeó a abrir la puerta y el indito puso una flecha en su arco.

"Tata padre, si tú mueves una tranca, te ensarto esta flecha en el mero corazón."

"No, no, hijo, con las armas no se juega. Si así quieres, está bien."

Pues le dejó el padre las vacas al indio y se fue el padre muy callado a su casa, recordando que en otra ocasión, valía más descoger sus palabras con cuidado.

to look for his promised hundred cows. Near the church he came upon a large herd which he drove home and locked securely in his corral.

Later that afternoon the two *vaqueros* who took care of the priest's herd rode to the Indian's home.

"Why do you have these cattle locked up?" they asked gruffly. "Have they done some damage?"

"No, they haven't done any damage," the Indian answered. "I have them locked up because they're mine. I gave the priest a cow and he promised me God would give me a hundred, and here they are!"

"These are the priest's cattle, not yours," the cowboys answered.

"No, these are mine because he promised me a hundred for one!" the Indian insisted.

The cowboys returned to tell the priest what had happened. When he heard the news the priest became very angry. He got on his mule and the three rode to the Indian's home. When they arrived at the corral the Indian was sitting by the gate, his bow and quiver of arrows ready.

"Why have you locked up my cattle in your corral!" the priest shouted. "Is this the way you show your gratitude?"

"But these are my cows," the Indian answered.

"And who gave them to you?"

"You did. You said at mass whoever gave one cow would get a hundred in return!"

"That's not what I meant, you thief!" the priest cried angrily. "You are a thief and you must turn my cattle loose." He got down from his mule to open the gate but stopped when he saw the Indian put an arrow to his bow.

"Padre, if you dare touch the lock I will stick this arrow into your heart. Then the devils in hell will give you a hundred more."

The priest backed away. He realized the Indian meant to make him keep the promise he had made in church, and there was nothing he could do. So he got on his mule and quietly rode home, reminding himself to be more careful with what he said in his sermons.

HABIA EN UNA PLAZA una mujer muy pobrecita que tenía una burrita. Un día vino y tiró un árbol de nogal para hacer de los brazos del árbol un pesebre para la burra. Al otro día pasó el cura por allí y vido los troncos del árbol y le gustaron mucho para hacer un santo, así que le preguntó a la viejita si no tenía uso para aquellos palos que estaban allí, y le dijo ella que no.

"¿Me los podías regalar?" le preguntó el cura.

"Sí se los regalo, Padre, lléveselos."

San Sebastián

Saint Sebastian

I N A SMALL VILLAGE there once lived an old woman whose sole
companion was her burro. One day she cut down a walnut tree
to make a manger for the burro. The following day the priest
of the village passed by and when he saw the trunk of the walnut
tree he knew it would be just the thing from which to carve the
statue of a saint. He asked the old woman if she had any use for the
sturdy trunk and she replied that she didn't.

"Will you give it to me?" the priest asked.

"Of course, Father, take it," she answered.

Luego el Padre ordenó que levantaran aquéllos palos, y los llevaran a un escultor. El fue a donde estaba el escultor y le dijo que le hiciera un santo que se llamara San Sebastián. Desde aquel día empezó a predicarle a la gente que había mandado a traer un santo muy milagroso de una ciudad muy lejos y que el santo se iba a llamar San Sebastián. El santo iba a ser el patrón de la placita. Les aconsejó que se fueran apreviniendo todos para cuando viniera el santo para que le hicieran una limosna de dos reales, cuatro reales o un peso, lo que pudieran. La gente no hablaba más que de San Sebastián y que sería el patrón de la placita.

Cuando llegó el San Sebastián toda la gente estaba bien preparada y fueron a adorarlo y a llevarle su limosna. Solamente la viejita que había regalado el tronco de nogal para que hicieran el santo no iba a adorar a San Sebastián. Echando menos el cura a la viejita, despachó un propio que fuera a llamar a la viejita. Cuando llegó el propio, le dice a la viejita:

"Allá la llama el cura. Que no más usted no ha ido a adorar a San Sebastián."

La viejita le dijo al mensajero que fuera y le dijera al cura que pronto iba.

La viejita agarró su tápalo y se lo puso sobre su vestido y se fue a adorar a San Sebastián. Cuando llegó a la puerta de la iglesia se hincó devotamente, diciendo estas palabras:

> *"O San Sebastián glorioso,*
> *nacido de mi nogal,*
> *del pesebre de mi burra*
> *eres hermano carnal."*

"Cállese, cállese, vieja tonta," le responde el cura, "que la gente no necesita de que usted les diga de donde vino San Sebastián."

So the priest sent for the tree trunk and he ordered it delivered to a *santero*, a sculptor in wood. He went to the santero and directed him to carve the statue of a saint named St. Sebastian. Then he returned to his congregation and told them that he had ordered the statue of the miraculous St. Sebastian from a faraway city. He was to be the patron saint of the small village. Day after day he preached the coming of St. Sebastian, and he extolled the people to make their offerings — a quarter, fifty cents or a dollar — whatever they could afford. The money poured in and the priest felt very happy. As for the people, all they could talk about was the coming of the new patron saint.

Finally the day arrived when St. Sebastian was delivered and all of the people went to the church to look at the statue. It was a great feast day. The only person not there was the old woman who had originally given the wood from which the saint was carved. When he realized she was missing, the priest sent a messenger to bring her to see the creation.

When the messenger arrived at the old woman's hut he said to her, "The priest wants you to come to the church. You are the only one who has not gone to adore our new patron saint."

"All right, all right! Tell the priest I will go see the new saint." She tossed her shawl around her shoulders and went to pray to St. Sebastian. When she arrived at the crowded church she knelt devotedly and prayed aloud the following words:

> *Oh glorious St. Sebastian,*
> *Born of my walnut tree,*
> *To the manger of my burro*
> *You are a brother indeed!*

The people chuckled and the priest was shocked that the secret origin of the saint had been exposed.

"Quiet! Quiet! You crazy old woman!," he shouted. "You don't have to tell the whole world where St. Sebastian came from!"

UN CAZADOR QUE ANDABA CAZANDO mató un venado ya muy tarde y no pudo llevárselo. Lo desolló y lo colgó de un pino alto donde él mismo apenas podía alcanzarlo. El siguiente día volvió por su venado y ya no lo encontró. Buscó a ver qué huellas había. Inspeccionó todo el lugar y luego se fue a buscar al juez a pedirle protección para que fueran a ayudarle a buscar su venado.

El juez le preguntó si no sabía poco más o menos quién se lo había llevado. El no lo había visto y no sabía quién, pero dijo que le podía dar una identificación de la persona que se lo había robado.

"Si sabes algo, ¿qué clase de hombre era?"

"Pues era un hombre más mediano que yo. Era viejo. Traiba un perro amarillo que era cuasho."

"¿Cómo sabes tú todo eso?"

"Vide que era más chopo que yo porque no alcanzó a agarrar el venado donde yo lo colgué y puso palos abajo para alcanzarlo."

El que se llevó el venado

The Deer Thief

A HUNTER WAS OUT HUNTING one day and killed a deer. Since it was very late in the day he couldn't take the deer home, so he skinned it and hung it as high as he could from the branch of a tall pine tree. The following day he returned for his deer, but the deer was gone. He searched the area for tracks. He inspected everything very carefully, and then he went to the Justice of the Peace to seek redress.

The Justice of the Peace asked him if he had any idea who stole the deer. The hunter replied that he had not seen the thief and he didn't know who it was, but he could give an accurate description of the man who stole the deer.

"If you know something, tell me what kind of man he is," the Justice of the Peace said.

"Well, he is shorter than I. He is older, and he had a yellow bulldog with him."

"But how do you know all that?"

"I know he is shorter than I because he had to put some logs

"¿Pero cómo sabes que era viejo?"

"Porque los pasos que daba eran cortitos."

"¿Y cómo sabes que traiba un perro amarillo?"

"Porque rastreé al perro, y donde se embocaba por abajo de palos muy bajitos dejaba pelos amarillos."

"Pero ¿cómo sabes que era cuasho?"

"Porque cuando el viejo bajaba el venado, el perro estaba sentado cerca de él y el rabo de la cola lo enterró en la tierra y eso me indica que era cuasho."

Pues entonces le concedió el juez que fueran a buscar al hombre, y tuvieron éxito. Llegaron a una casa donde estaba un perro amarillo cuasho y ahí salió el hombre viejo y chopo. Esto fue suficiente prueba para saber que aquel se había traído el venado, y en su caballeriza lo encontraron.

beneath the tree to reach the deer," replied the hunter.

"And how do you know he is old?"

"Because he took short steps, like an old man."

"And how do you know he had a yellow dog?"

"I followed his tracks and I found yellow hair where the dog passed beneath low branches."

"But how do you know it was a bulldog?" the exasperated judge asked.

"Because when the old man was lowering the deer, the dog sat nearby and the way the stub of his tail dug into the ground told me it was a bulldog."

The judge was convinced and granted permission to look for a man fitting that description. After searching for some time the hunter and the Justice of the Peace arrived at a house where they saw a yellow bulldog. They knocked on the door and a small, old man appeared. Then they searched his barn and found the stolen deer. So the hunter, by using his wits, had tracked down the thief who had stolen his deer.

ESTOS ERAN DOS REYES y dos reinas que eran íntimos amigos. Cuando una de las reinas dio luz a su primer niño, convidaron al otro rey y reina de compadres, y ellos le pusieron al niño, Fabiano. A los dos años, la otra reina dio luz a una niña, y convidaron al otro rey y reina de compadres y le pusieron el nombre de Reyes a la niña.

Cuando ya podían andar estos muchachitos, se mantenían en un palacio una semana, y la otra semana en el otro palacio. Fabiano y Reyes se querían mucho, como si fueran hermanitos. Cuando ya empezaron a ir a sus estudios en las escuelas, Fabiano cuidaba mucho de Reyes, porque la quería sin comparación, lo mismo que si hubieran sido hermanitos.

Fabiano era tan lindo que no tenía pero; cuando ya cumplieron la edad de quince años, Fabiano empezó a hacer cartas para las novias, y todo lo que le pasaba, le platicaba él a Reyes porque le tenía tanta confianza. Le enseñaba las cartas para que viera ella cómo la pasaba él con sus novias.

"¡Oh, Reyes!" le decía. "Me gusta mucho una muchacha muy bonita porque una fiera para mí, Reyes, mejor quedarme ciego."

No más le decía él de las fieras, y le daba vergüenza y se

Fabiano y Reyes

Fabiano and Reyes

O NCE THERE LIVED TWO KINGS and their wives who were very good friends. When one of the queens gave birth to her first child, the neighboring king and queen were asked to be godparents, and they named the baby boy Fabiano. Two years later the other queen gave birth to a baby girl, and she and the king, in turn, invited their friends to be godparents, and they named the girl Reyes.

Fabiano and Reyes grew up like brother and sister, and they loved each other very much. When they were growing up they would visit each other, spending one week in one palace and the next in the other. And later when they went to study at school Fabiano always took care of Reyes, because he cared for her as if she were his sister.

Fabiano grew to be a very handsome young man, one without equal in the region. When he was only fifteen he began writing love notes to his many girlfriends, and he shared all his secrets with Reyes because she was his confidante. When he showed her a letter from a girl whose heart he had broken he would say, "My dear Reyes, I only want a beautiful girl. If I had to marry an ugly girl I'd rather be blind."

And Reyes, who didn't consider herself a beautiful girl, would

agachaba la cabeza y le decía:

"Tú mereces una mujer que tenga todas las virtudes del mundo y tan linda lo mismo que tú."

Los dos fueron creciendo y todo lo que pasaba, Fabiano le descubría a Reyes y siempre despreciaba él a las fieras. Cuando ya cumplieron sus estudios, se vinieron a sus palacios y siguieron lo mismo que antes, una semana en un palacio otra semana en el otro.

En ese tiempo los reyes empezaron a poner muchas diversiones en sus palacios, bailes, peleas de toro y más. El primero que comenzó a poner diversiones fue su tata de Fabiano. Cuando empezaron a hacer las diversiones, Reyes y Fabiano siempre andaban juntos. Fabiano hallaba una muchacha bonita, la bailaba y se la traiba a Reyes y se la presentaba y le decía, "¡Una fiera para mí, mejor quedarme ciego!"

Pues así pasaba en todos los bailes en el palacio de Fabiano. Cuando ya acabaron los bailes aquí, entonces fueron a hacer los bailes en el palacio de Reyes. Su tata de Reyes dijo que iba a hacer mejor que el otro rey, que iba a traer cantores y toreros del otro lado del mar.

En la primera noche del baile en casa de Reyes, halló Fabiano una americana y la trujo donde estaba Reyes y le dijo, "Mira, esta es mi novia. Asina, bonitas, no fieras, son buenas para que sean mis novias."

"Muy bien," le dijo Reyes, "la que se case contigo que tenga todas las virtudes del mundo."

A la segunda noche vido Fabiano que Reyes no se vestía de seda ni de cosas finas, porque Reyes hacía vestidos de lino, de cosas así corrientes para ella.

"¡Oh Reyes!" dijo Fabiano. "¿Por qué tú no te vistes de seda, siendo tú una princesa tan rica teniendo todas las virtudes del mundo?"

"¡Oh Fabiano! dijo ella. "Una mujer fiera como yo no merece seda. Lo más corriente que hay me puedo poner. Yo no merezco cosa fina."

bow her head in shame and answer, "Fabiano, you deserve the most virtuous woman on this earth, one who is as beautiful as you."

Time passed and Fabiano continued his flirtations, and he always told Reyes everything including his dislike for ugly girls. When school was over they returned home, and they still visited each other as before — one week in one palace and the next in the other.

In those days the kings often entertained people by holding big fiestas at their palaces. There were dances, bullfights and many other diversions. And as usual, Fabiano and Reyes were always together. Fabiano always found the most beautiful girls to dance with, and when he introduced them to Reyes he would always whisper, "I'll never marry an ugly girl, better to be blind than that!"

One summer, after the dances had come to an end in the palace of Fabiano's family, the entertainment was moved to the palace of Reyes' father. Her father had vowed to outdo his compadre — he was going to bring singers and bullfighters from across the sea!

And so it was at a dance at Reyes' home that Fabiano found a pretty American girl. When he introduced her to Reyes he said, "Look, I have finally found my sweetheart. This is the kind of girl for me, is she not a beauty?"

"I agree," Reyes answered courteously. "Also, the woman who marries you should be the most virtuous woman in the world."

The following night Fabiano saw that Reyes was not dressed in her silk dress and jewelry; instead she had made a very simple linen dress for herself.

"Reyes!" Fabiano exclaimed, "Why aren't you dressed in your silk dress? That simple linen dress doesn't become a rich princess who has all the virtues of the world."

"Fabiano," she answered, "a woman as ugly as myself doesn't deserve to wear silk and fine apparel. I should wear only the most simple dress."

"I will be ashamed," he said, "for you to be seen with my American sweetheart; she will be dressed in her best silks and you in simple linen."

"Oh, she deserves the best," Reyes answered. "She is a lovely woman. But I don't deserve silk as I am ugly. So I will dress in a

"Me daría vergüenza, "dijo él, "de presentar a mi americana junto a tí, estando ella vestida de seda y tú vestida de lino."

"Ella merece seda," dijo, "es muy bonita, pero yo no merezco nada de eso. Yo me visto como se pueda."

*   *   *

A la siguiente noche, que era la última noche de diversiones en el palacio de Reyes, les habían faltado los cantores que habían invitado. Fabiano estuvo toda la tarde asomándose y los cantores no venían. Al fin llegó un criado con el aviso que se habían naufragiado y ahogado los cantores. Entonces Reyes dijo, "No quiero que mi papá quede avergonzado, yo puedo desempeñar el negocio que iban a hacer ellos."

";Oh no!" dijo Fabiano. "Será mucha vergüenza para mí que tú vayas a cantar en público."

De todos modos decidió Reyes cantar esa noche para que no quedara mal su padre. Cuando empezó Reyes a cantar, Fabiano la siguió a decirle que no cantara, que le daba vergüenza siendo él tan bonito y que estuviera él con una mujer tan mal parecida como ella.

Mas cuando Fabiano vido a Reyes cantando, le dio la corazonada y se fue aspasionando de tal suerte que ya no hallaba qué hacer. Al fin se sintió Reyes con Fabiano, y le empezó a decir que no quería que se estuviera arrimando, que ella era una mujer fiera.

Se acabaron las diversiones en casa de los reyes, pero Fabiano no se podía ir porque estaba muy apasionado de Reyes. El día que se fue a su casa, les dijo a sus padres que fueran a pedirle a Reyes. El rey y la reina vinieron muy contentos a pedir a su ahijada para Fabiano.

Entonces Reyes les mandó una calabaza y una carta que decía a Fabiano que ella no merecía un hombre como él, porque despreciaba mucho a las fieras, y de que quedara ciego valía más que se casara con otra. Fabiano aguantó un mes tan apasionado

simple manner."

*   *   *

The following night, which was the last night of entertainment at the palace of Reyes' father, the singers who had been invited failed to arrive. Fabiano, who was eager to show off his new sweetheart, waited for them all afternoon, but there was no sign of the singers. Finally a servant arrived with the message that there had been a shipwreck and the singers had drowned.

Reyes grew very worried. "I don't want my father to be ashamed in front of his guests because he has no entertainment," she said. "Perhaps I can take their place."

"Oh, no!" Fabiano objected, "It would be a disgrace to have you, a princess, sing in public!"

Nevertheless Reyes decided to sing for the sake of her father. Even as Reyes began to sing Fabiano continued to insist that she should not. It wouldn't look right, he said, for such a handsome man as he to be seen with a plain and common singer.

But Reyes sang and when Fabiano heard her he was astonished. Never had he heard such a beautiful voice. He then became so enamored of Reyes that he didn't know what to do. When Reyes finished singing Fabiano was immediately at her side telling her how beautifully she had sung, but Reyes reminded him that she was an ugly woman and unworthy of his attention.

That evening when the festivities were concluded, Fabiano could hardly bear to leave. He had fallen completely in love with Reyes. The next day he told his parents that they should go and arrange for him to have Reyes' hand in marriage. The king and queen were overjoyed to hear of this plan.

But Reyes refused the offer by sending back a pumpkin, which according to the custom of that time meant a refusal. She also sent a letter in which she told Fabiano that she didn't deserve a man like him. She reminded him he had often derided ugly women, and since she was not beautiful and didn't wish him to be blind he should marry someone else. Fabiano waited a month but then became impatient and sent a friend to again ask Reyes to marry him. The

que no hallaba qué hacer. Fabiano tenía un amigo que lo amaba mucho y le dijo que viniera a ver si podía conseguir a Reyes que se casara con él, porque ya no soportaba su pasión. Cuando vino el amigo, le dijo Reyes que era imposible, porque Fabiano siempre despreciaba a las fieras; que lo amaba sin comparación, pero que no se podía.

Para tratar de olvidar su pasión, Fabiano dejó a su padre y a su madre y se ausentó en lugares muy lejos. Cada semana le escribía a Reyes y siguió muy apasionado.

*   *   *

En el lugar que andaba Fabiano, una tarde salió a cazar conejitos. Le tiró a un conejito y le cayó pólvora en los ojos y quedó ciego. Durante el tiempo que se enfermó Fabiano, se le murieron sus padres y luego murieron los padres de Reyes y en ese tiempo trujieron a Fabiano de donde había estado enfermo.

El palacio de Fabiano se había abandonado por todos y Fabiano quedó solo. Fabiano tenía un velisito lleno de puras cartas escritas para Reyes que nunca le habia mandado, pero ende que se quedó ciego no las podía leer. Cuando llegó al palacio su amigo le daba la vuelta. Fabiano se ponía muy triste de verse solo y ciego. Una tarde que le visitaba su amigo, le preguntó:

"¿Qué Reyes no ha venido a verte?"

"No, mi Reyes no viene a verme porque yo despreciaba a las fieras, pero sin mi Reyes me moriré, porque no hay más consuelo para mí en esta vida."

Entonces el amigo fue a donde estaba Reyes, y ella le salió a preguntar por Fabiano.

"Se halla en su palacio, no más que es ciego. Tú eres una mujer que no parece que te criaste con Fabiano."

"Sí, señor, el amor que yo tengo a Fabiano ni con la muerte lo puedo olvidar."

"¿Cómo te parece?" le dijo. "El pasa muchos trabajos donde está. Como está ciego, le dan de comer cuando les da la gana. Ahora la comida no está limpia. Pudieras tú ser una nodriza

friend went to Reyes but she explained that a marriage with Fabiano was impossible because of his conceit. It was true, she loved Fabiano, but as things were, the situation was impossible.

When Fabiano heard Reyes' answer he was brokenhearted. To try to forget his love he left his parents and moved to a foreign country. But he couldn't forget Reyes and every week he wrote her of his love.

*   *   *

Now it so happened that one afternoon Fabiano went hunting. He fired at a rabbit and the gun exploded. The gunpowder burned his eyes and blinded him. To make matter worse, while Fabiano was recovering from the accident his parents died, and shortly afterwards he heard that Reyes' parents had died also.

Later, when Fabiano returned home, he found himself alone. He had kept all of the letters he had written to Reyes but had never sent in a small box, but since he was now blind he was unable to read them as he used to. Now his only companion was a friend who came to visit him. His friend saw that Fabiano was very sad because he was alone and blind. One afternoon when he was visiting Fabiano, the friend inquired about Reyes.

"Has Reyes come to see you?" he asked.

"No," Fabiano answered, "she doesn't come to see me because of the way I treated her, but I know that without her I will die. She doesn't know that I truly love her and that she is my only consolation in life."

Then the friend went to see Reyes, and she asked about Fabiano.

"As you know, he is home, and he is blind, but you are such a hard woman it seems you have forgotten you grew up together."

"You are wrong, sir," Reyes answered. "The love I have for Fabiano cannot be destroyed by death itself."

"He doesn't know that," the friend said. "He thinks you don't love him. His life is very difficult. Because he is blind, his servants take advantage of him and feed him only when they want to. The food is poorly prepared and he is neglected. He needs someone to care for him. Would you be willing to be his nurse?"

para él?"

"De un modo podía ser nodriza para Fabiano, que usted me diera un juramento que no le iba a decir nada, porque mi creer es que porque me vido cantar, se apasionó. No es pasión del corazón."

"Te juro," le dijo, "que no le digo nada para que veas tú que es pasión del corazón y no pasión por encima."

*   *   *

"¿Qué dices, amigo, te traigo una nodriza?" su amigo después le preguntó a Fabiano.

"Sí, pero me traes una nodriza que sepa leer," le dijo, "y le encargas que me trate bien y me dé bien de comer."

Este fue y trujo a Reyes. Cuando llegó Reyes al palacio de Fabiano, ella lloró mucho de verlo otra vez pero no en frente de él. Ella puso agua, hizo que se bañara y le dio ropa de príncipe. Empezó a darle buenas comidas todos los días, porque lo quería mucho.

Cuando ya hizo un mes que estaba Reyes con Fabiano, él le pidió que le hiciera un favor.

"Oye, nodriza," le dijo, "¿Me pudieras tú cubrir un secreto?"

"Yo creo que sí" le dijo Reyes.

"Mira, nodriza, allá en un cuartito chiquito está un velisito. Traémelo para acá, pero esto no más yo y tú lo vamos a saber. Es una cosa murre secreta."

Trujo Reyes el velisito y lo abrió Fabiano. Le dijo él entonces que le leyera las cartas que él habia escrito a Reyes y nunca le había mandado. Empezó la nodriza a leer y Fabiano a llorar y ella también lloraba, no más que como estaba ciego, no sabía si lloraba o no.

Otro día cayó el amigo y halló a Reyes en la cocina con la cara hinchada de tanto que había llorado. Cuando entró le preguntó a Reyes qué tenía.

"Tiene una pasión Fabiano en el corazón que me ha hecho

"I will be Fabiano's nurse on one condition," Reyes answered, "and that is if you swear not to tell him it is I. I still believe he fell in love with me only because he heard me sing. Perhaps this way I will discover if he truly loves me."

"You have my word that I won't tell him anything," the friend said, "and you can see for yourself if his love is real."

*   *   *

The friend went back to Fabiano and asked him if he could bring a nurse to care for him.

"Yes," Fabiano agreed, "but bring me a nurse who can read, one who will care kindly for me and see that I am fed."

So the friend brought Reyes to Fabiano's palace, and she was so overjoyed to see him again that she turned away and wept secretly. Then with great care she prepared his bath, and after he had bathed she helped him dress in the clothes of a prince. She fed him well and took good care of him because she loved him very much.

One day after she had been there a month Fabiano asked her for a favor.

"Nurse," he asked, "can you keep a secret?"

"I believe I can," Reyes answered.

"Then go to the storage room near my bedroom. There you will find a small box. Bring it to me. But remember, this is a secret only you and I will share."

Reyes brought the box and when Fabiano opened it she saw it was full of his old love letters to her. He asked her to read the letters and when she read them Fabiano grew very sad and his eyes grew wet with tears. Reyes, too, wept silently, but because Fabiano was blind he could not see the tears which rolled down her cheeks.

The next day Fabiano's friend came to visit and he found Reyes in the kitchen, her eyes red from crying. He asked Reyes what was the matter.

"Yesterday I discovered that Fabiano's love for me is real," she said, "and I cried all night after reading the letters he wrote to me."

"What do you plan to do?" the friend asked.

"I must put aside the mistakes of the past and marry Fabiano,"

llorar toda la noche con las cartas que escribió de su amor por mí."

"¿Qué sería bueno hacer, Reyes?"

"Casarme con Fabiano, al cabo que está ciego."

Bueno, otro día vino otra vez el amigo y le dijo:

"¡Sabes amigo! Quisiera casarte. Estás mejor casado que con la nodriza. Al cabo que tienes mucho que vivir."

"¿Quién me ha de querer? Asina ciego no hay quien me quiera."

"Pues tendremos que ver. Yo te quiero pedir a Reyes."

"No me quiso cuando estaba joven, muchacho, y me ha de querer ahora ciego."

"Pues voy y hablo con ella y veremos si te quiere o no te quiere."

"Pues mira, si mi Reyes se casaba conmigo, yo te daba la mitad de mis bienes."

*   *   *

Otro día llegó el amigo y su esposa, que eran los padrinos, y Reyes salió y se fue con ellos. Como estaba ciego Fabiano, no sabía si la nodriza estaría o no y empezó a gritarle, "¡Nodriza, nodriza! aprevienes bien la mesa para cuando véngamos!"

Fueron y se casaron y luego vinieron. Cuando entraron, empezó Fabiano a gritar a la nodriza que viniera para que asistiera a su Reyes. Al fin le dijo su amigo:

"No grites, si la nodriza era Reyes. Ahí la tienes a tú lado."

Fabiano recogió a Reyes en sus brazos y reconoció que la hermosura de una mujer existe en su alma.

she answered. "I have always loved him, and I love him even more now and want to care for him."

The friend was overjoyed. He immediately went to Fabiano and said, "My friend, I believe you should be married. You have many good years of life left; perhaps you should consider marrying this good woman who is your nurse."

Fabiano sighed. "Who would love a blind man?" he said. "And although the nurse is a good woman, the only love in my heart is for Reyes."

"Then I shall go and ask her for you," the friend said.

Fabiano shook his head. "She refused me when I was young and handsome. Why should she accept me now that I am blind?"

"I will ask her anyway, and we shall see if she loves you or not!" the friend insisted.

For a moment hope stirred in Fabiano's heart. "Oh, if Reyes would marry me I would give you half of all I own, my friend!"

*   *   *

So the wedding was arranged, and the next day the friend and his wife, who were to be the witnesses, brought Reyes to Fabiano.

As they left for the church, Fabiano, who still didn't know that it was Reyes who had been his nurse, called for the nurse and told her to prepare a banquet table for the wedding feast.

Then the wedding party went to the chapel and Fabiano and Reyes were married. When they returned everyone was happy and excited. Fabiano called his nurse to come and serve them.

Only then did his friend turn to him and tell him that the nurse who had served him so loyally all that time was Reyes herself: "Don't call for your nurse, for she is in truth Reyes. She is the bride at your side!"

Fabiano then took Reyes in his arms and understood at last that the real beauty of a woman lies in her soul.

U N DIA VENIA YO DE CIERTO LUGAR donde había
andado vendiendo fruta, y como ya estaba tarde y traiba
dinero me desconfié que me asaltaran en el camino.
Pronto alcancé a ver una luz y pensé que era un campo de
borregas y determiné llegar allí a dormir. Cuando llegué
descubrí que no era campo de borregas sino una casa. Toqué la
puerta y salió una mujer a recibirme y le pedí posada para esa
noche porque yo era extranjero en ese lugar y tenía miedo de
dormir en el campo. Ella me dio posada con mucho gusto. En la
casa había dos mujeres.

Después de cenar me alistaron una cama y me acosté.

El baile de los
tecolotes

The Dance of
the Owls

L ATE ONE DAY AS I WAS RETURNING from the town where I had been selling my wares, the sky began to grow dark. Since I had some money I was afraid of being robbed on the road, and so I started looking for a safe place to sleep. I saw a light ahead of me and, thinking it was from a sheepherder's camp, I decided to stop there to spend the night. As I drew near the light, I discovered it was not a sheepherder's camp but a house. I knocked on the door. An old woman answered. I asked her for lodging for the night and explained that I was a stranger here and was afraid to sleep out in the open. She cordially invited me in and told me I was welcome.

143

Traiba una pistola y la metí debajo de la almohada. Cuando me acosté, de una vez se me quitó lo cansado y el sueño de ver tan extraña casa. Empecé a reflejar que se alumbraban los cuartos con la lumbre del fogón y vi una alacena con muchas cajitas. La cama que me tendieron estaba en un rincón y desde ahí estaba yo cuidando, y las dos mujeres ni aprecio hacían; estaban muy apuradas lavando los trastes y secándolos. Cuando acabaron de lavar los trastes, se sentaron junto al fogón e hicieron unos cigarros. Irían como a medio chacuaco, cuando le dijo una a la otra que ya estaría yo bien dormido. Me escamé que me fueran a matar y agarré la pistola de donde la había puesto, en la cabecera. Pronto se vino una de las mujeres de allá a ver y ya mero le disparaba yo la pistola, pero Dios me dio valor y no le tiré, que si no, me emboco en una broma. Entró la mujer para el cuarto donde yo estaba, y yo me estaba cuidando que no me fuera a pegar con un hacha o martillo. Cuando se volvió al fogón miró de vuelta para donde estaba yo y le dijo a la otra mujer que estaba bien súpito. Tiraron sus chacuacos para adentro del fogón y se vinieron las dos para donde yo estaba. Yo tenía mucho miedo y no soltaba la pistola pero volví a aguantar y no les pegué. Pasaron por la orilla de mi cama y se fueron para un rincón. Allá estaban ellas empujando un bulto que yo no sabía qué era hasta que lo retiraron para el medio del cuarto. Se fue una para la alacena y sacó dos cajitas y luego oí que se estaban desvistiendo y empezaron a untarse unos polvos. Se fue una y alzó las cajitas en la alacena, y reflejé yo que se le veía el espinazo sin ropa. Luego esta mujer vino y midió tres pasos para un lado, al tiempo que su compañera midió tres pasos para el otro lado. Después las dos midieron tres pasos de vuelta hacia los lados contrarios, y de una vez las dos brincaron para adentro del cajete con agua y salieron vueltos tecolotes. Volaron junto a mí y se embocaron al fogón y salieron por el chiflón vueltos tecolotes. Me quedé yo solo muy espantado y pensé: "Pues en casa, cuando yo cuente lo sucedido, me van a preguntar acerca de las cajitas." Ya me daban a esas horas ganas

Two women lived in the house, and after they served me supper they made up a bed for me and I lay down to rest. I had a pistol with me which I put beneath my pillow in case I should need it. I got into bed but found I was no longer tired or sleepy. The eerie light of the fireplace lit up the room. In one corner of my room there were shelves lined with strange small boxes. My curiosity was aroused as to what they might contain.

The women had made my bed in a corner, and from there I could observe everything. The two women seemed to pay no attention to me; they busied themselves washing and drying their dishes. When they finished with the dishes they sat near the fireplace and rolled cigarettes to smoke. After they had smoked awhile, I heard one whisper to the other, asking if she thought I was asleep. All of my reservations and anxiety suddenly became real and I grew quite frightened. I felt sure they were going to kill me, so I quietly checked my pistol. One of the women hobbled over to my bed, and as she came toward me I tightened my grip on my pistol. I was really scared, but I lay quietly and pretended to be asleep. But through half closed eyes I watched her carefully, wary that she might hit me with an axe or hammer. I had heard about women who gave travelers lodging at night only to murder and rob the unsuspecting victims.

She looked closely at me, then returned to the fireplace and whispered to her friend that I was fast asleep. They threw their cigarettes in the fireplace and then they both came toward my bed. I was shaking with fear, but I kept a tight hold on my pistol. Again I resisted the impulse to shoot them. Instead of pausing by my bed the women went to the far corner of the room. From there they pulled a large tub into the middle of the room and filled it with a foul-smelling liquid. When that was done, one of them went to the shelves and took down two of the small boxes I had noticed earlier. They took off their clothes and rubbed powder from the boxes on their bodies. When they were completely covered with the powder, one of them put the boxes back on the shelves. Then the woman returned and measured three steps to one side of the tub while her friend measured three steps to the other side of the tub. Then they repeated the count, chanted the seven names of Satan, and jumped into the huge tub.

de venirme. Pero por miedo a los tecolotes y porque no fuera alguien a levantarme un crimen me quedé a aguantar lo que me tocaba. Fui a la alacena y cogí las dos cajitas y ya vide que decían: *POLVOS MAGICOS, San Antonio, Texas.* No creyendo yo que pudieran hacer mal y para ver si tenían la virtud que reclamaban, me devestí y me unté polvo de las dos cajitas en todo mi cuerpo. Medí tres pasos para allá y tres pasos para acá, como ellas, y brinqué adentro del cajete con agua y salí el mismo. Cogí una cobija y me estuve secando, y digo:

"Bien dije yo: ¡esos polvos no hacen nada!"

Cuando me estaba secando, reflejé que traiba la medallita del Santo Niño y el escapulario de Nuestra Señora del Carmen: me los quité y los alcé en mi cama y volví otra vez a untarme los polvos; cuando alcé las cajitas, volví a medir tres pasos para allá y tres pasos para acá y brinqué adentro del cajete con agua y salí vuelto tecolote.

Tenía el mismo sentido de una persona, pero el cuerpo era de animal. De una vez brinqué al asa de la puerta a quererla abrir. Me estuve rasguñando la asa de la puerta hasta que me acalambré y me caí. Me fui para el fogón y no vide ni una brasa y me salí por el chiflón; parecía que por una escalera había salido. Me paré en el pretil de la casa y veía mis caballos comer.

Pronto me dieron ganas de volar, brinqué y no me caí, pues de una vez abrí las alas y volé hasta donde estaba un sabino retirado de la casa. Desde allá vide que estaban volando unos tecolotes, llorando y respondiéndose unos a los otros—¡el baile de los tecolotes! Me dio miedo que me mataran vuelto tecolote, y me fui para la casita!

Cuando iba llegando a la azotea iba pasando un gato y préndomele al rasguño con él y el gato también se prendió conmigo al rasguño, hasta que me soltó. Quizás tenía mente de comérmelo, porque dicen que los tecolotes se comen a los gatos. De buena suerte me soltó, y me fui para adentro de la casa. La pelea con el gato me había asustado tanto que se me olvidó cómo volverme gente. Andaba vuelta y vuelta alrededor del tanque

I thought I had seen strange things in my life as a wanderer, but I have never seen one as strange as I saw that night. When those two women came out of the tub they came out as *owls*! They flew over me, crawled into the fireplace and flew up the chimney. I was now alone and frightened. And I thought to myself: if I live to tell this story no one is going to believe me. They're going to ask me what was in those boxes for sure. But at that moment I didn't care; all I could think about was getting my pants on and heading for home.

But I was still afraid of the owls. If those two old witches knew I had seen them I was a goner for sure! I felt afraid to move. After awhile the fear passed and I began to think straight. I couldn't lie there all night. I had to know what was in the boxes. So I got up very quietly and went over to the shelves where the boxes were stored. On each one was written: *"MAGIC POWDER, San Antonio, Texas."* I almost laughed aloud when I saw that. My confidence returned. And I thought I had dreamed the transformation of the women into owls, because I was sure there were no such things as magic powders. But I was determined to prove it to myself. So I undressed and covered myself with the powder. Then I took three steps one way and three steps the other way, exactly as I had seen the women do, and I jumped into the tub.

Alas, when I emerged from the tub I wasn't changed. I felt my body and found the same old me, a bit more smelly from the witches brew, that's all. So much for *that*, I thought as I wrapped a blanket around myself.

"Worthless magic powder!" I mumbled to myself.

Then I remembered I was wearing my medal of the Holy Child and the scapular of Our Lady of Mount Carmel. They had both been blessed by the priest at the church and I knew that no magic could work against them! So I removed the medal and the scapular and put them on my bed, and then repeated the process. I rubbed the powder on my body, put the boxes away, measured out the three steps each way, called the names of the Devil, and I jumped into the tub of liquid. When I clambered out of the tub I had changed into an owl!

I had the awareness of a person, but the body of an owl! Excited by the transformation I jumped toward the door to open it. I

hasta que acuérdome que había medido tres pasos para allá y tres para acá.

Así lo hice y me zambullí en el cajete y salí vuelto gente, rezándole a cuanto santo había y temblando como una hoja. Me puse mi escapulario y mi medallita, pero no me fui de la casa a esas horas temiendo que me levantaran un crimen.

Viniendo la luz del día oí un ruido y eran ellas. Entraron y llegaron al cajete y cada una midió tres pasos para allá y tres para acá y se zambulleron y salieron vueltas mujeres. Se vistieron y alzaron el bulto en el rincón y se fueron a acostar. Yo las estuve velando toda la noche.

Muy de mañanita me levanté y ya se había levantado una de las mujeres. Le pregunté cuánto era la molestia, y me dijo que no era ninguna, pero que no me fuera antes de almorzar. Yo no quise aguardarme a almorzar de ningún modo, temiendo que de repente me hicieran algún mal en la comida. Cuando no me pudo convencer me preguntó cómo había ido yo al baile anoche y me dio coraje, y le dije:

"Como fueron ustedes. ¡Pues no me dejaron la brujería en esas cajas!"

Se admiró mucho la bruja y me dijo que chocara la mano con ella, y no fuera platicando de eso porque me podía pasar algún mal.

Pero a todos les he platicado y nada me ha pasado, más que los rasguños del gato.

scratched at the doorknob but was unable to open the door, and then I remembered how the two women had flown up the chimney. At that, I too flew up the chimney and landed on the rooftop and looked around. I could see my horses grazing in the moonlight.

I opened my wings and flew across the meadow to a juniper tree some distance from the house. That's where I saw the dance of the owls! They were flying all around me, crying and calling to each other and whirling around in a dance. I was afraid they would discover me and kill me, so as quickly as I could I flew back to the house.

I was just about to land on the roof when I saw a big, gray cat. Owls don't like cats, so I guess it was by instinct that I pounced on him and tried to scratch his eyes out, but he scratched back and soon I got frightened and flew back inside the house. The vicious fight with the cat had left me so shaken that I forgot how to turn back into myself! I flew around and around the tub until I finally remembered I had to take three steps forward and three steps backward.

This I did, then submerged myself in the tank and I came out my former self. I thanked every saint in the book, and trembling like a leaf I replaced my scapular and medal around my neck. I felt like leaving that place, but I was afraid that the two women would follow and accuse me of knowing too much. I could still hear the owls outside, calling as they danced.

I lay down in the bed, but I didn't sleep the rest of the night. Just before dawn I heard a noise. The two owls had returned! They flew straight to the tub, took three steps this way and three steps that way, then jumped in the tub and came out as women. They got dressed, put the tub in a corner and then went off to sleep. I kept a frightful vigil the rest of the night.

In the morning when I arose, one of the women was already making breakfast. I was in a hurry to be on my way so I asked her how much I owed her for the night's lodging.

"No, *de nada*," she said. "It was no bother, but don't leave until you eat breakfast."

I certainly didn't want to eat with them because I was afraid they might have put a curse on the food.

"I'm not hungry," I said, "and I have to be on my way."

"Oh, you *must* be hungry," she grinned, "you danced all night!" Then she burst out laughing, and I realized she knew I had joined their dance in the night!

"By the way, how did you get to the dance?" she asked and burst out in another fit of laughter.

"The same way you went!" I shouted. "Didn't you leave me your witchcraft in those boxes?"

The witch was amazed that I confronted her in such a brave manner and she asked to shake hands with me to show me there were no hard feelings.

"You know a lot about magic now," she said. "Just don't go around talking about it because something bad may happen to you."

Well, I've told my story to many people and nothing bad has happened — yet. Some believe my story and some don't, but on my arms I still carry the scratches of the cat I tangled with!

HABIA DOS CARRETEROS que iban con sus dos yuntas de bueyes por el Camino Real a la Villa Real de la Santa Fe para llevar leña a los villeros en un día muy caloroso. Llegaron a una cuesta muy medanosa y los bueyes batallaban para subir.

El que estaba adelante estaba haciendo diligencia para subir la cuesta, chicoteando sus bueyes y renegando. El que estaba atrás estaba acostado boca arriba y rezándole a Dios que lo sacara de su dilema. En esto, pasó el Señor y San Pedro por donde ellos

Los dos carreteros

The Two Wagoners

ONE HOT SUMMER DAY two men with wagons were delivering firewood to the villagers of the Villa Real de Santa Fe. When they came to the steep and narrow path which climbed La Bajada hill, the carts got stuck. Try as they might, the two pairs of oxen couldn't pull the heavily loaded carts up the steep hill.

One of the wagoners worked diligently with his oxen, cracking his whip over their backs and cussing and coaxing them to pull harder.

His *compadre* in the second cart didn't seem too concerned about the predicament. He calmly lay down in the shade to take a nap.

God will help me out of this dilemma, he thought to himself. I'll just say a few prayers before I take my nap!

Now it so happened that the Lord and St. Peter were on their way to Santa Fe that same day. They often traveled the old Camino Real to watch over their flock and perform good deeds for worthy people. When they came upon the two wagoners the Lord said,

estaban, y cuando ya habían subido la cuesta y caminado algún tanto, volteó San Pedro la cara y se dio cuenta a quién le había ayudado el Señor, y le dijo:

"¿Señor, ¿qué le ayudarás al que estaba renegando y aquel que estaba rezando no le ayudaste?"

"Oh, San Pedro," le dijo el Señor, "tú no sabes nada. Este hombre no estaba renegando de corazón. Estaba haciendo diligencia. ¡Pues yo he dicho que el que haga diligencia yo le ayudaré, y aquel que estaba acostado rezando, allá que se quede!"

"Come now, St. Peter, let's help this honest man push his wagon up the hill."

So they put their strong shoulders to the wagon of the man who was working so diligently and they soon had it up the steep grade and on its way to Santa Fe.

The Lord and St. Peter then continued on their way. St. Peter, who had been reflecting on the ways of the Lord, finally stopped and said, "Lord, I am perplexed. Why did we help the man who was cursing in his work, but didn't help the man who remembered you in his prayers?"

"Well, St. Peter, I can see you have some things to learn about human nature and the way of the Lord. The man we helped did not curse from his heart. His language was that of affection for his oxen. He is a good man who works hard and is concerned with the well-being of his family. But the second man is a lazy one who thinks that I will solve all his problems if he only mumbles a few prayers before he sleeps. He is a hypocrite who remembers me only when he is in trouble. He can stay where he is!"

ESTE ERA UN HOMBRE CASADO que tenía una mujer muy cabezuda. Un día lo invitó un compadre de él al casorio de su hijo. Había un río muy grande que tenía que pasar y ahora estaba muy crecido. Su compadre le había mandado unos barqueros para que lo pasara, pero no se encontraron y él determinó pasar a caballo por su cuenta. Este hombre tenía un hatajo de caballos, pero no más uno era manso, y los demás eran muy malos.

Le dijo a su esposa que su compadre lo había invitado al casorio de su hijo. Le platicó a su esposa el caso, y entonces le dijo la mujer que ella quería ir al casorio, y él le dijo:

"Pero el río está muy crecido y los caballos son muy malos y no quisiera que fueras porque te pueden tirar en el río."

Entonces le dijo ella que quería ir, y que le ensillara el caballo más malo. Su esposo le dijo que no era bueno que fuera, porque el río estaba muy crecido y que podía perder la vida si la tiraba el caballo.

Pero la mujer insistió en que le ensillara el caballo más malo

La mujer cabezuda

The Headstrong Woman

THERE ONCE WAS A MAN who had a very headstrong wife. If he took one point of view she would argue another; if he suggested one thing she would likely do the opposite. One day a friend invited this couple to his son's wedding which was to take place across the river. However it was the rainy season and the man knew the river would be flooded. He knew he could cross on horseback because he had one tame horse which could ford the river without any trouble, but his other horses were unruly and he didn't trust them.

He went to his wife and explained the situation. His argumentative wife, of course, replied that come hell or high water she was also going to the wedding.

"But the river is flooded," he tried to explain, "and the horses will be skittish. They are liable to throw you in the river. Perhaps if you rode the tame horse . . ."

"No," she argued, "saddle me the wildest horse. I'm going and that's all there is to it!"

"It's not a good idea," he said, "to risk your life for a wedding

que tenía. El hombre al fin le ensilló el caballo más malo que tenía y él llevó el manso. Se fueron y cuando entraron al río el caballo se soltó reparando y tiró a la mujer. La mujer se ahogó y no se pudo ver.

El hombre pasó al otro lado del río salvo y se fue buscando a la señora en contra de la corriente para arriba. Entonces encontró a dos barqueros que le dijeron que el ahogado iba para abajo, que buscara a su mujer río abajo, no río arriba. Entonces él les dijo a los barqueros que su mujer era tan recabezuda que él creiba que iba para arriba, en contra de la corriente del agua.

dance."

But his wife insisted. The man finally saddled the two horses, the spirited one for her and the well-broken horse for himself. They started across the swollen river, but when her horse felt the force of the water it bucked and threw the woman into the stream. The woman disappeared and drowned in the raging water.

The man crossed the river safely and then set off upstream looking for his wife. He met two boatmen who asked him what he was looking for and he told them his wife had fallen into the water and drowned.

"But if someone falls into a river you look for them downstream not upstream!" the boatmen exclaimed.

"Ah, but you don't know my wife," the man answered. "She was so contrary that I'm sure she's floating upstream against the current!"

HABIA UN HOMBRE LLAMADO PEDRO DE ORDIMALAS que tenía un solo hijo y ese hijo le salió muy perverso. Cuando ya tuvo la edad para ser casado, se casó y tuvo familia. Fue buen hombre con su mujer, pero era algo abandonado y después de un tiempo estuvo muy pobre, muy arruinado. El juego ya no le daba suficiente para vivir y mantener a su familia.

Una vez vino el Señor y San Pedro a pedir limosna en el mundo para ver quiénes tenían caridad. Encontraron a Pedro que

Pedro de Ordimalas

THERE WAS ONCE A MAN NAMED PEDRO DE ORDIMALAS who had a son by the same name, but the son was very wild. When Pedro, the son, came of age he married and had a family. He was a good man but he was also quite a rogue and after awhile he became very poor. Pedro liked to play cards and gamble and he often lost, and eventually he was unable to support his family.

One day the Lord and St. Peter disguised themselves and came to earth to see who the charitable people were. They met Pedro and asked him for charity, but he had been at the casino and had lost all of

venía de la casa de juegos y había perdido todo su dinero. Pedro volvió a la casa de juegos y pidió a sus compañeros cincuenta centavos, y ellos rehusaron prestarle porque creían que iba a dar limosna. Entonces él les prometió que no iba a dar limosna, y que iba a volver otra vez al juego. Cuando salió de allí abrevió sus pasos y alcanzó a los que pedían y les dio la limosna. Entonces el Señor le dijo:

"Bueno, Pedro, pide merced."

"No pido más merced que me den estos cincuenta centavos de vuelta para cuando vuelva allá dar prueba que los traigo."

"Pero eso no es suficiente merced. Pide merced."

"Pues la merced que yo pido es que cuando yo vaya a un lugar y no quiera salir, que yo no tenga que salir si yo no quiero, aunque Dios Padre quiera."

"Pide más merced."

"Pues la merced que yo pido es que me de una barajita."

"Pide más merced."

"Pues la merced que yo pido es que me dé un tamborcito que el que suba a sonarlo no baje sin mi voluntad. Pues ahora la merced que le pido es que se lleve a mi padre y mi madre y a todos mis hermanos, a mi esposa y familia."

"¿Qué otra quieres, Pedro?"

"Que cuando a mí me lleve, me lleve en cuerpo y alma, no me vaya a morir."

"Se te concederá."

De ahí se fue Pedro para la cantina y se puso a jugar. Desde aquel momento fue un puro ganar y nada perder. Estaba tan enviciado que apenas iba a comer a su casa. En pocos días le avisaron que su familia estaba enferma. Vino y los asistió, pero con el tiempo se murieron y los enterró. Quedó muy contento de que había quedado solo en el mundo. El no hallaba qué hacer con tanto dinero como el que estaba ganando. Dijo un día:

"Pues ¿qué podré yo hacer con tanto dinero, sin padre, sin madre, sin esposa y sin hijos?"

*   *   *

his money. Yet he felt sorry for the strangers so he ran back to the casino and asked his friends for fifty cents. They gave Pedro a few coins and he returned to the two beggars and gave this money to them.

Then the Lord said, "Well, Pedro, you are a good man. For giving a handout to the poor you may now ask for any wish to be granted."

"I only want my fifty cents back," Pedro shrugged, "so I may prove to my friends that I didn't give it away."

"But I want to reward you more handsomely," the Lord said. "Ask for another gift and it will be yours."

Pedro thought awhile. "Well, I would like to be able to go to a place and if I did not want to leave not even God almighty could make me leave."

"But that is so easily arranged," the Lord said. "Ask for more."

Pedro raised an eyebrow. "How about a magical deck of cards?"

"Very well. Ask for more," said the Lord.

"I would like to have a drum," Pedro grinned, "and whoever sits down to play it cannot get up without my permission. And I would like for you to take my father, mother, all my brothers, and my own wife and family so they won't suffer any more."

"What else do you want, Pedro?" the Lord asked.

"Well," Pedro scratched his ear, "promise me that when you take me you will take both body and soul — that way I won't die!"

"All that you have asked for will be granted," the Lord replied, and He and St. Peter disappeared.

Pedro returned to the casino and began to play. From that time on he always won with his new deck of cards. He was hooked so bad that he didn't even go home to eat. A few days later some neighbors came to tell him that his entire family was ill and he went to tend to them, but they all soon died. At least they were out of their misery, and Pedro was happy to be alone and without responsibilities. But now he had so much money he didn't know what to do with it.

"What shall I do with so much money?" he asked himself. "I have no father or mother, nor wife nor children."

*   *   *

Una noche que estaba él acostado delante del fogón oyó pasos y tocaron la puerta. Esta era la muerte que andaba a caballo. Y preguntó él quién era, y le dijo la muerte que era ella. Y le dice:

"Vine por ti, porque mi Tatita Dios me ha enviado por ti."

"Bueno," le dijo él, "Mira sube ahí a este tamborcito y tócalo para que vengan todos los pobres para repartir todo lo que tengo."

Subió la muerte y tocó el tamborcito. Después de haber tocado el tamborcito, se pegó la muerte allí. Se levantó Pedro al otro día en la mañana, almorzó y se fue a la casa de juego. A los ocho días que volvió, le dice la muerte:

"Pedro, ¿qué vas a hacer conmigo? Mi Tatita Dios me está esperando. No será por el apuro que tiene por ti. El tiene otras muertes que le hagan su negocio, pero quiero que me sueltes para irme."

"Bueno, sí te puedo soltar, si tú me quitas estos años que tengo y me das otros tantos."

"Pedro, se te concederá."

Vino Pedro y soltó a la muerte, y cuando fue allá, le dice la muerte al Señor que es imposible traer a Pedro y le cuenta lo que hizo Pedro. Entonces el Señor llamó a la muerte del hacha y la envió por Pedro. Luego la muerte se puso en camino y llegó en la mañana, estando Pedro tomando su almuerzo. No más salió, que la vido, le dijo:

"¿Qué ya viniste, manita muerte?"

"Ya vine, porque mi Tatita Dios me dijo que viniera por ti."

"Bueno, necesito yo," le dijo, "de ir a llamar gentes para que vengan a repartirse de lo que yo tengo. Mi Señor Jesucristo me ha dado mucho de qué vivir y cómo ha de ser tan injusto que no me de treguas para repartir lo que tengo. Siéntate allí mientras que vuelvo."

La sentó en una silleta y le sucedió lo mismo del tambor. Entonces él se fue para la plaza y la dejó encerrada por unos ocho días. Cuando volvió, le dijo que la soltara.

"Sí te suelto si me quitas estos años que aquella muerte me dio

One night while he slept by the fireplace he heard footsteps, then a knocking at the door. Death had come to Pedro's house on horseback. When Pedro asked who it was, Death told him and said: "God has sent me for you."

Pedro had to think fast. "Fine," he said, "but first do me a favor. Please play that drum for me so the poor people will come and I can give them my wealth before I leave."

Death agreed and sat down to play the drum, and immediately she became stuck to the drum. The next day Pedro arose as if nothing had happened, he ate breakfast and went off to the casino. Eight days later he returned and Death was still stuck to the drum.

"Pedro," Death asked, "what are you going to do with me? God is waiting for me. He can take care of you whenever He wishes because He has many other deaths to do His bidding, but I want you to let me go so I can go about my business."

"Yes, I will let you go," Pedro replied, "but only if you promise to double the years of life left to me."

"That shall be done, Pedro," Death agreed, and Pedro turned Death loose. Immediately Death went to report to God and told Him that it was impossible to bring Pedro.

God then called the Death which carries the axe and sent this cruel Death for Pedro. Death set out and arrived just as Pedro was finishing his breakfast. When Pedro stepped out of the house there was Death waiting to strike with the axe.

"Oh, I see you have come, my friend Death."

"Yes, I have come," Death replied, "God has sent me for you."

"Well, if that's the case," Pedro nodded seriously, "then I should call my neighbors and give them everything I have acquired. My Lord Jesus Christ has given me much in life and surely He is not so unjust that He wouldn't grant me the time to divide all that I have. Please have a seat by the drum until I return from this small chore."

He sat this Death by the drum and immediately Death could not move. Then Pedro went off to the town and left Death locked up for eight days. When he returned Death begged him for freedom.

"I'll set you free if you add many more years to my life," Pedro said.

"As you say, Pedro. Now I must go."

y me das otros años."

"Sí se te concederá. Pues ya me voy, Pedro."

La muerte del hacha llega y le cuenta al Señor lo que hizo Pedro con ella. Entonces el Señor envió a la muerte de la carreta por Pedro. Ya cerca del medio día Pedro estaba haciendo su comida cuando la muerte llegó y salió él a los rechinidos que la carreta traiba. Llegó la muerte y le dijo que cerrara los ojos. El los cerró, pero no más se descuidó ella, los abrió él y vido las llamas del purgatorio.

*　　*　　*

Cuando llegó allá salió el Señor y lo envió a cuidar los niños de Limbo. Vinieron y lo llevaron allá.

Como a los dos o tres días fue uno de los niños a decirle a San Pedro que Pedro lo estaba ahogando. Por mandado del Señor fue San Pedro a llamarlo y le dijo:

"Pedro, ni en el Limbo te pueden aguantar."

"Pero ¿por qué? Yo estaba haciendo una obra de caridad en el Limbo. Ya que usted no lo ha hecho, yo la quería hacer: bautizar esos niños."

Esta vez envió el Señor a Pedro al purgatorio. Cuando lo llevaron allá, empezó él a platicar con las ánimas y les dijo que si querían que él ayudara para que acabaran más presto sus penas. Las ánimas le dijeron que ellas estaban a la voluntad del Señor, que a lo que Dios determinara. Fue e hizo un chicote muy largo y se puso a darles chicotazos para que acabaran presto sus penas. Al fin se escabulló una ánima y fue a dar a donde estaba San Pedro.

"San Pedro, dile al Señor que ya Pedro nos acaba."

Luego fue San Pedro y le llevó la queja al Señor. ¡Pues envió el Señor por Pedro. Luego que fue allá, dijo el Señor:

"¡Pues ahora echen este al infierno. No más allá se va a aguantar!"

*　　*　　*

Then Death which carries the sharp axe returned to God and told Him what Pedro had done. So God then sent the Death which rides a cart and carries a bow and arrow for Pedro. It was mid-day and Pedro was preparing his meal when Death arrived in her creaking cart. The squeaking of the wheels sent shivers through Pedro, but he went out to greet Death nevertheless.

"Close your eyes," Death commanded before Pedro could pull one of his tricks, and he closed his eyes. He opened them when Death wasn't watching, but it was already too late. He felt the arrow of Death pass through him and in front of him he saw the flames of purgatory. So Death finally had gotten the best of Pedro.

*　　*　　*

When Pedro awoke he saw God, and God commanded that Pedro should do penance by taking care of the babes of limbo. So that's where the angels took Pedro.

But in two or three days one of the children went to complain to St. Peter that Pedro was drowning them. So God sent for Pedro.

"Pedro," God shook His head, "they can't stand you even in limbo. What am I to do with you?"

"But why?" Pedro answered, holding his hat in both hands and acting very innocent. "I was only trying to do an act of mercy for those poor children. Since they weren't baptized, Lord, I wanted to do it."

So God decided to send Pedro to purgatory. When he got there Pedro quite naturally fell in with the sinners. He visited with the poor souls and told them that he could shorten the time of their penance. The suffering souls answered that they did God's will, and if God had sent Pedro then it was so determined. So Pedro made a long whip and began to beat everyone in sight so they could finish their penance quicker and get to heaven sooner. Finally one of the tormented souls was able to escape and went to St. Peter to complain.

"St. Peter, please tell God to get that crazy Pedro out of purgatory. His help only adds to our torment!"

So St. Peter took the complaint to God, and God sent for Pedro.

Cuando lo llevaron se iban a ofrecer unas fiestas y lo pusieron de leñero. En cada carga de leña que traiba, traiba un frasquito de trementina. El día de la fiesta lo pusieron a servir las mesas y a arrimar las silletas, y él untó trementina en todas las silletas. Cuando acabaron, le dijeron:

"Pedro levanta la mesa."

"No lo puedo hacer hasta que no cante el 'Bendito'. Dondequiera que yo he estado tengo esa costumbre."

"¡Pues no lo cantes!"

"Bendito, bendito, bendito sea Dios."

Y suéltanse los diablos con sus silletas prendidas, topeteándose y dándose golpes queriéndose salir por las ventanas. Las puertas estaban afianzadas y él a cada rato les gritaba más y más, "¡Ave María Purísima!" hasta que por fin uno salió y fue a dar la queja a San Pedro. San Pedro fue y le dijo al Senor que los diablos ya no aguantaban a Pedro. Entonces el Señor le dijo a San Pedro que trujiera a Pedro. Cuando llegó San Pedro con él, dijo el Señor:

"Echen este a cuidar borregas."

*   *   *

Allá en el campo donde andaba alcanzó a ver una casa muy linda y empezó a rodearla por dondequiera y no hallaba cómo asomarse. Cuando volteó, halló en la puerta a San Pedro con una llave muy grande. Entonces le preguntó a San Pedro qué había allí. Le dijo San Pedro que era la gloria. Pedro le rogó a su tocayo que lo dejara asomarse. San Pedro le permitió asomarse, pero en una forcejada que dio Pedro, záfase y entró. Entonces se puso a ver por dondequiera. San Pedro le pedía que saliera, pero Pedro no quiso. Al fin San Pedro mandó un paje a llamar al Señor. Entonces le dijo el Señor a Pedro que se saliera. Le dijo Pedro:

"Señor, no me salgo. ¿Qué no es usted el que me dijo y me dio la merced que donde yo entrara y yo no quisiera salir ni Dios Padre me echaría?"

"Pedro, you leave me no choice. I am going to send you to hell," God said. "Perhaps they will tolerate you there."

*   *   *

It so happened that when Pedro arrived in hell it was time for their annual fiesta, so the devils put him in charge of the firewood. Each day Pedro went for wood and with each load of *piñon* he brought he also collected a jarful of pitch. On the day of the fiesta they sent him to prepare the tables and bring the chairs. As he set each chair he put a lump of pitch on the seat.

So the devils came and sat and had a great time. When they were done they told Pedro to remove the dishes.

"Oh," Pedro said sheepishly, "I can't do that until I've sung the Benediction. That is my custom after a meal."

Of course the devils could not stand to hear the name of the Lord praised. "Don't say His name!" they shouted.

Pedro didn't heed them. He raised his voice as loud as he could and began to sing in praise of the Lord: "Holy, Holy, Holy is the name of God!"

The words spread panic throughout hell. The devils tried to jump up to escape but they were stuck to their chairs. They bumped and stumbled into each other in their mad dash to get out. The door was locked so some jumped out the windows. The more consternation and panic Pedro caused the louder he sang.

"Holy Mary, Mother of God!" he shouted and made them all the more frantic to escape.

Finally one devil escaped and went to complain to St. Peter. And St. Peter had to tell God that not even the devils in hell could stand Pedro de Ordimalas. So God had Pedro brought before him once again.

God said, "Perhaps if we sent you far away to take care of sheep you wouldn't get into so much trouble."

*   *   *

"Anda, Pedro, con tus astucias, quédate en la gloria, que piedra te volverás."

"Sí, Señor" le dijo. "¡Pero una piedra con ojos!"

El Señor y San Pedro entonces se despidieron.

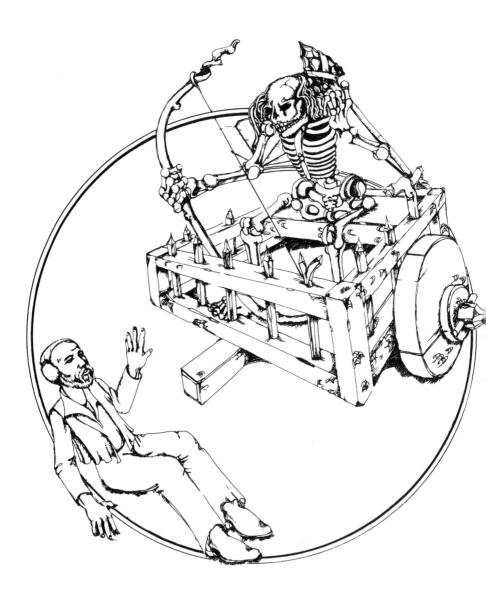

So Pedro became a sheepherder. One day he came upon a new place and there he saw a very beautiful mansion. He circled it to find a way to look into the house. When he came to the gate there was St. Peter holding a big key. He asked St. Peter what was inside the mansion and St. Peter told him it was heaven. So Pedro begged his namesake to let him peek into heaven. Finally St. Peter relented, telling him to take only a quick look, because they definitely didn't want him in heaven. But Pedro took advantage of the opportunity and slipped in when St. Peter glanced away for a moment. St. Peter became worried and asked him to leave, but Pedro shook his head. St. Peter then sent an angel to bring God. When the Lord appeared He knew that Pedro would continue to be nothing but trouble, so He asked him to leave.

"Lord," Pedro answered, "I will not leave. Remember that one of the gifts you gave me clearly states that if I do not want to leave a place not even God the Father can make me."

God frowned. Yes, he remembered His promise, but He wasn't about to let this cunning rogue get the best of Him. "Very well, Pedro," He said, "you've gained your place in heaven by your wits and you can stay, but you will remain as a rock."

Pedro shuffled his feet and thought awhile. "Well, Lord, You once said my namesake, St. Peter, was a rock and you built your church on him. I am glad to be a rock like him. At least I shall be a rock with eyes!"

Glossary:
Regional Archaic and Idiomatic Words

Almira - *admira*, admire
Almitas - *admitas*, allow, permit
Asina - *así* [archaic], like that

Cajete - *tina, tanque* [Nahuatl derivation], tub
Calarlo - try it out
Caloroso - *caluroso*, very hot
Cateado - *golpeado*, beat up
Comprates - *compraste*, you bought
Creiba - *creía* [archaic], I used to believe
Cuasho - *cola rabona*, short tail
Cuasi - *casi* [archaism], almost
Curandero - *médico popular*, medicine man, healer
Curre - *corre* [archaic], run
Chacuaco - *cigarro* [Native Americanism], cigarette
Chanceándose - jokingly
Descoger - *escoger* [archaic], to choose

Ejido - *tierras comunes de una Merced*; communal lands of a land grant.
Emprendió - *prendió* [archaic], began, started
Empréstamelo - *préstamelo* [archaic], lend it to me
Ende - *desde* [archaic], since
Escabulló - *huyó*, escaped

Feriar - *cambiar*, to exchange
Flamantitos - *como nuevo*, like new

Fuere - futuro subjuntivo arcaico de *ser*; archaic future subjunctive of *to be.*

Güevón - *flojo*, lazy
Güeno - *bueno*, okay

Jerga - *tejido de lana usado en el suelo*; wool throw rug

Manita Muerte - *Hermanita Muerte*, Sister Death
Manzanita - *yerba medicinal*, a medicinal herb
Mercar - *comprar*, to buy
Merced - *dádiva, tierra donada por España y México en la parte suroeste de los EEUU*; a gift, a land grant given by Spain or Mexico in the Southwestern United States.
Muncho - *mucho* [archaic], much
Murre - *muy*,very (with emphasis)
Murrepobre - *muy pobre*, extremely poor

Nadien - *nadie* [archaic], nobody
Nodriza - *enfermera*, nurse, nursemaid or nanny

Pagaren - futuro subjuntivo arcaico de *pagar*; archaic future subjunctive of *to pay.*
Pareciere - futuro subjuntivo arcaico de *parecer*; archaic future subjunctive of *to seem.*
¿Parónde? - *¿para dónde?*, which way?
Persogado - *amarrado*, tied down
Pinabete - ponderosa pine
Prometieren - futuro subjuntivo arcaico de *prometer*; archaic future subjunctive of *to promise.*

Reborujo - *alboroto*, confusion, turbulence or uproar

Sangre de Cristo - *las sierras centrales del norte de Nuevo México*; the central mountains of northern New Mexico.
Silleta - *silla* [archaic], chair
Semos - *somos* [archaic], we are
Soterrano - *sótano* [archaic], basement
Súpito - *súbito*, fast asleep

Tata - *padre* [Native Americanism], father

Tatita Dios - *Dios Padre* [Native Americanism], God the Father

Talachi - *pica y pala*, pickaxe

Tecolote - *buho, lechuza* [Nahuatl derivation], owl

Tinaja - *olla*, ceramic jar

Túnico - *vestido de mujer*, woman's dress

Traiba - *traía* [archaic], I was bringing

Treguas - peace, truce

Trujo - *trajo* [archaic], he or she brought

Vido - *vio* [archaic], he or she saw

Vites - *viste*, you saw

Yutas - *indígenas nómadas de los llanos de Utah, Colorado, Arizona y Nuevo México*; nomadic Indians from Utah, Colorado, Arizona and New Mexico.

Zacate - *cesped* [Nahuatl derivation], grass